부의 감각

부의 감각

1판 1쇄 인쇄 2026. 1. 9.
1판 1쇄 발행 2026. 1. 15.

지은이 김문수

발행인 박강휘
편집 최찬미 심성미 | 디자인 박주희 | 마케팅 정성준 | 홍보 이한솔
발행처 김영사
등록 1979년 5월 17일(제406-2003-036호)
주소 경기도 파주시 문발로 197(문발동) 우편번호 10881
전화 마케팅부 031)955-3100, 편집부 031)955-3200 | 팩스 031)955-3111

값은 뒤표지에 있습니다.
ISBN 979-11-7332-464-2 03320

홈페이지 www.gimmyoung.com   블로그 blog.naver.com/gybook
인스타그램 instagram.com/gimmyoung   이메일 bestbook@gimmyoung.com

좋은 독자가 좋은 책을 만듭니다.
김영사는 독자 여러분의 의견에 항상 귀 기울이고 있습니다.

부의 감각

김문수 지음

돈이
쌓이는
경영의
정석

The
Sense
of
Wealth

감영사

추천사

기업 경영은 감각과 숫자로 해야 한다. 《부의 감각》에는 학교에서는 가르치지 않는 세부적인 기업 전략과 돈의 흐름을 꿰뚫는 생생한 지식과 경험이 가득하다. 저자는 오랜 세월 교단과 창업 현장에서 쌓아온 이론과 실무를 바탕으로 경영 현장에서 꼭 짚어야 할 내용을 다루었다. 수익성 증대와 지속 가능 경영을 고민하는 기업인과 창업을 꿈꾸는 이에게 방향성을 제시하는 필독서다.

백종훈 금호석유화학 CEO

기업 경영 일타강사의 '잘 벼린' 경영 조언이 곳곳에 담긴 명저다. 특히 창업, 성장, 지속 가능성 단계에서 초기 모객 전략, 스케일업, 가격 확정 등의 전략이 어떻게 현금 창출을 해내는지를 살펴본다. 저자는 현업 경험을 바탕으로 기업의 성쇠를 가르는 놀라운 인사이트를 준다.

진재승 前 유한킴벌리 CEO

《부의 감각》은 부를 이루기 위한 요소를 현장의 사례와 연결해 설명한다. 저자가 주장하는 '좋은 선택과 철저한 실행, 반드시 성공하는 구조 만들기'에 개인과 기업 모두의 관점에서 깊이 공감한다. 현실 경험담으로 한층 더 신뢰가 깊어진다.

이상래 前 SK하이닉스 부사장

20여 년 전, 경력직으로 입사한 후배가 "열심히 하겠습니다"라고 열정과 의지를 표현했을 때, "열심히는 누구나 한다. 열심히는 기본이고 잘하는 것이 중요하다"라고 이야기했던 기억이 난다. 저자는 이 책에서 잘하는 것보다 이기는 것이 더 중요하다고 강조한다. 이기는 기업, 즉 성장을 지속하며 사회적 책임을 다하는 기업을 만드는 방법의 핵심으로 현금 창출의 중요성을 책 전반에서 이야기하며 전략 설정, 고객의 중요성, 지속적 혁신이 필요함을 논리적이고 설득력 있게 여러 사례를 들어서 설명하고 있다.
진짜 혁신가는 '새로운 방법으로 성공했지만, 그 방법이 더 통하지 않을 때 가장 먼저 스스로를 의심하는 사람'이라는 저자의 주장은 모든 경영자가 마음에 새겨야 할 것 같다. 스타트업 창업자뿐만 아니라 기존의 경영자에게도 이 책이 스스로를 의심하고 도전적인 질문을 던지고 고민하는 데 도움이 될 것이라 확신한다.

노상호 삼정KPMG 부대표

경영자들의 스승인 김문수 교수가 제시하는 부의 설계도는 돈이 쌓이는 원리와 구조를 이해하고 그 성과를 오랫동안 누리는 감각을 전수한다. 절실함과 노력만으로 살아남기 어려운 냉정한 창업 현실 속에서, 예비 창업자에게는 생존과 번영을 가르는 기준을, 기존 사업가에게는 명확한 현금 창출 구조 설계의 본질을 제시한다. 부의 흐름을 알고자 하는 모든 이에게 통찰력 있는 가치를 제공하는 필독서다.

목승환 서울대기술지주 CEO

창업 후 코스닥 상장과 글로벌 경쟁을 거치며 뼈저리게 느꼈던 현금 흐름의 중요성이 《부의 감각》에 고스란히 담겨 있다. 특히 상장 이후 찾아오는 위기에 대한 통찰과 경영자가 '열심히 뛰어다니는 선수'에서 '돈이 쌓이는 시스템을 만드는 혁신적인 설계자'로 진화해야 한다는 조언이 큰 울림을 준다. 생존을 넘어 지속 가능한 부의 시스템을 구축하고 싶은 모든 리더에게 날카롭고 명확한 나침반이 되어줄 것이다.

손창욱 미투온 대표이사

성장은 언제나 좋은 일처럼 보이지만, 현금이 따르지 않는 성장은 낙하산도 연료도 없는 고공행진일 뿐이다. 《부의 감각》은 매출, 확장, 투자 같은 화려한 단어 뒤에 숨은 본질을 집요하게 묻는다. '이 결정이 과연 회사를 더 단단하게 만드는가'를 고민하는 초기 창업자부터 스케일업 단계의 CEO까지 두루 추천하고 싶다.

양승찬 스타스테크 창업자 · 대표이사

사업을 만들고 키우고 지키는 구조를 설계하는 방법서. 경영 과정에서 마주하는 중요한 결정이 필요한 상황과 경영자가 빠지기 쉬운 함정에 대해 다루어 사업 구조를 잘 정비할 수 있도록 돕는다. 중요한 개념을 명쾌하게 설명하며, 생존과 번영에 필요한 사고방식을 잘 유지할 수 있는 가이드를 제공한다. 귀한 교훈이 담긴 이 책을 경영자와 예비 경영자 모두에게 권하고 싶다.

임종윤 AIMS 창업자 · CEO

오랜 사업 시행착오 끝에야 비로소 깨닫게 되는 본질들을 정직하게 담아냈다. 너무도 현실적이라 더 가치 있는 기록이다. 노력과 열정이 아닌, 현금이 쌓이는 구조를 기준으로 사업을 다시 보게 만든다. 창업자와 경영자 모두에게 큰 도움이 될 통찰이다.

정현욱 비석세스 창업자 · CEO

기업의 성패는 선택의 순간에 결정된다. 금융기관과 기업 경영의 최전선에서 오랜 시간을 보낸 경험에 비추어볼 때, 모든 경영자는 '이 선택은 현금을 남기는 결정인가'라는 사고를 반드시 가져야 한다. 그 선택의 순간에 경영자가 감이 아닌 구조와 숫자로 판단하도록 돕는 책이다.

손병환 농협대학교 총장

'부'를 이루는 경영의 기술이 철학적인 높이의 시선과 만나면 천하무적이 될 수 있다. 우선 '부'라는 관념에 대해 우호적이어야 한다. 그리고 추구해야 한다. '부'가 쌓이는 원리와 구조를 이해한 사람은 당연히 그 성과도 오랫동안 누리지 않겠는가.《부의 감각》은 운명을 탓하는 대신 자신만의 부의 신화를 쓰려는 사람들이 가져야 할 수준 높은 기술을 알려준다.

최진석 새말새몸짓 이사장 · 서강대학교 철학과 명예교수

《부의 감각》은 감각이라는 제목에도 불구하고 최선의 선택이 '본능적 직관보다는 실체적 분석'에 의해 이루어진다는 역설적 진리를 보여준다. 기업의 경영 전략을 현금 흐름이라는 기준으로 정리하는 이 책을 유니콘을 꿈꾸는 모든 예비 창업자에게 추천한다.

신형덕 홍익대학교 경영대학 교수

경영자에게는 실행의 기준을, 투자자에게는 성공할 기업을 가려내는 판단 틀을 제공하는 입문서. '경영이란 무엇인가'라는 질문을 던지며 현금 흐름을 만들어내는 구조의 중요성을 정확히 짚어낸다. 성장 스토리와 전략 담론에 치우친 최근의 기업 담론에서 벗어나, 기업 생존을 결정짓는 '현금 창출 능력'에 이르는 경로를 구체적 사례로 정리해준다.

우재준 서울과학종합대학원 VC MBA 주임교수

'부의 감각'이라는 중요하지만 어려운 제목을 처음 접했을 때 기대와 우려가 교차했지만, 실전 경험과 지식을 두루 갖춘 저자답게 이론을 체계적이면서도 명료하게 풀어낸다. 세대를 막론한 독자들이 책에서 강조하는 목적과 원칙을 등대 삼고, 핵심 지표를 방향타 삼아 야심차고도 균형 잡힌 경영의 항해를 해나갈 수 있을 것이다.

이지환 KAIST 경영공학부 교수

대학 시절 이투스라는 혁신적 기업을 창업하여 큰 성공을 거둔 저자가 이후 창업자·경영교육가·투자자로 일해오면서 터득한 창업과 경영의 진수를 설파한다. 열정에만 치우치면 기업 경영의 황금 명제인 '현금 창출 능력'과 '평균의 함정'을 자칫 놓치기 쉬운데, 이 순간을 대비하게 하는 저자만의 번득이는 경고는 깊게 새겨들을 만하다. 중견기업을 경영하고 있는 분과 예비 창업자라면 반드시 읽기를 권한다.

홍석주 로커스캐피탈파트너스 회장

홍보와 컨설팅, 보험, 금융지주, 은행, 상호금융, 캐피탈 회사를 거치며 지켜본 수많은 기업의 흥망성쇠 키워드는 매출이 아닌 '현금 흐름'이었다. 사장이 뛰어야하는 회사가 아니라 '시스템이 돈을 버는 구조'를 만들라는 저자의 통찰은 경영의 본질을 꿰뚫는다. 생존 원리를 찾는 경영자에게 가장 현실적인 답을 주는 책이다.

장종환 NH농협캐피탈 CEO

코로나19를 기점으로 창업팀을 바라보는 투자 기준이 달라졌다. 시장 성장성과 경쟁력 있는 원천기술은 필수 조건이 되었고, 투자자와의 소통 능력과 진정성이 더욱 중요해졌다. 투자자의 신뢰를 끌어내는 창업팀은 시장 환경이 급변해도 버틸 수 있다. 좋은 창업은 빠른 성장보다 버틸 수 있는 구조에서 시작된다. 《부의 감각》은 무리한 확장보다, 오래 갈 수 있는 선택이 왜 중요한지를 명확하고 차분하게 설명한다. 지속 가능한 창업을 고민하는 이들에게 의미 있는 길잡이가 될 것이다.

류정아 뮤어우즈벤처스 대표이사

매년 1,000개가 넘는 사업계획서를 보며 같은 질문을 한다. "도대체 돈은 어떻게 벌 것인가?" 기업가치는 결국 현금 창출 능력에서 나오고, 기업의 생존은 현금의 지속성으로 결정된다. 이 책은 저자가 현장에서 쌓아온 경험과 수많은 CEO 코칭을 통해 검증해온 지혜를 날카롭게 정리한 실행서다. 창업자와 경영자에게 보석 같은 지침서로 반드시 일독을 권한다.

이종익 한국사회투자 이사장

급변하는 경영 환경에서 많은 기업은 지속 가능한 성장에 대해 깊이 고민한다. 안타깝지만 창업 후 성장하는 기업은 소수고, 대다수는 성장 구조를 만들지 못한다. 《부의 감각》은 현장의 생생한 사례를 중심으로 기업이 스스로 사업을 점검하고, 지속 가능한 전략을 수립할 수 있도록 돕는다. 특히 자본시장과 만남을 준비하는 중소벤처기업에 현실적 지침을 줄 수 있는 도서다.

김기용 한국거래소 부장

불확실성이 큰 바이오산업의 투자 기준은 결국 지속 가능한 현금 흐름을 설계하는 능력이다.《부의 감각》은 기업의 진짜 가치를 '현금 창출력'으로 정의하고, 이를 얻기 위한 실행 전략과 구체적 방법을 제시한다. 창업자에게는 성장의 설계도, 투자자에게는 판단의 나침반이 되어 혁신과 자본 사이의 균형 감각을 날카롭게 깨우는 책이다.

김명기 LSK인베스트먼트 창업자 · CEO

이 책은 부의 본질을 '돈이 쌓이는 구조를 설계하는 능력'이라 정의한다. 현금 창출이라는 사업의 냉혹한 목적을 일깨우며, 단순한 열정을 넘어 이익률과 전략적 포지셔닝이 어떻게 기업의 생존과 경영자의 행복을 결정짓는지 기술하고 있다. 치열한 시장에서 '나쁜 경쟁자'를 걸러내고 승리하는 법을 배우고 싶은 벤처 창업자와 예비 창업자에게 이 책은 시대를 관통하는 부의 설계도가 되어줄 것이다.

김학윤 가이아벤처파트너스 창업자 · CEO

스타트업의 성장은 이야기만으로 완성되지 않는다. 설득력 있는 스토리와 함께, 숫자로 증명되는 성과가 반드시 뒷받침되어야 한다.《부의 감각》은 저자의 풍부한 현장 경험과 스타트업에 대한 깊은 이해를 바탕으로, 창업자가 반드시 짚고 넘어가야 할 경영 전략과 재무 관리의 핵심 원칙을 명확하게 제시한다. 감에 의존한 판단에서 벗어나, 숫자와 구조로 사업을 설명하고 성장시키고자 하는 창업자와 스타트업 종사자에게 실질적인 기준이 되어줄 책이다.

최현희 한국산업은행 벤처투자2실 실장

기업 가치는 높은 밸류에이션으로 유치한 투자금으로 결정되지 않는다. 이는 기업이 현재 창출하고 있으며, 미래에 창출할 것이라 기대하는 현금 흐름에 기반한다.《부의 감각》은 장기적 관점에서 기업을 어떻게 설계하고 관리해야 하는지를 현금 흐름의 언어로 설명한다. 100년 기업을 꿈꾸는 경영자와 장기 수익성을 더 중요하게 여기는 투자자에게 더욱 추천하고 싶다.

강수훈 AXE 파트너스 창업자 · CEO, 前 KKR 상무

차례

1

부를 만들어내는 법

2

부를 키우는 법

3

부의 수명을 늘리는 법

부의 감각이
필요한 이유

대한민국 자영업 폐업률 50%. 절실한 마음으로 창업하지만 2명 중 1명은 망한다. 망한 사업가는 심적·경제적으로 엄청난 고통을 겪는다. 이 수치는 단순한 통계가 아니다. 우리 주변에서 일어나는 일이고, 곧 내 일이 될 수도 있다.

기술 기반 스타트업 상황도 다르지 않다. 벤처투자를 유치한 100개의 기업 중에 한두 기업만이 주식 상장이나 인수합병 M&A에 성공한다. 나머지 기업은 겨우겨우 생존하거나 결국 시장에서 사라진다. 창업자 대부분이 자신은 예외일 거라 생각한다. 그러나 통계는 냉정하다. 절실함과 노력만으로는 살아남기 어렵다.

왜 많은 창업자가 실패할까? 절실함은 있지만 자신을 지켜줄 부의 감각이 없어서다.

열심히 하면 성공할까? 많은 사람이 실패의 원인을 '노력 부족'에서 찾는다. 그러나 현실은 반대다. 부의 감각이 없는 상태에서 열심히 하면 방향이 잘못되어 오히려 더 빨리 망한다.

손익분기점이 높은 식당은 더 빨리 망하고, 팔리지 않는 제품을 열심히 개발하면 더 빨리 망한다. 매출액은 크지만 이익은 없는 사업에 매달리면 더 빨리 망하고, 매출이 발생할수록 지출이 늘어나 순이익이 줄어드는 기업도 망한다.

그렇다면 부의 감각이란 무엇인가? 단순히 돈을 많이 벌고 싶은 욕망일까?

아니다. 부의 감각은 돈이 쌓이는 원리와 구조를 이해하고 그 성과를 오랫동안 누리는 감각이다. 고객의 지갑이 열리는 지점, 비용과 수익의 균형이 만들어지는 구조, 현금 흐름이 발생하는 메커니즘을 꿰뚫는 능력이다.

좋은 아이디어도 높은 연봉도 성공의 보증수표가 아니다. 많은 창업자는 좋은 아이템이 있으면 성공할 것이라고 생각한다. 그러나 같은 아이템으로 도전해도 결과는 성공과 실패로 양분된다. 왜 그럴까? 답은 간단하다. 경쟁과 자본의 구조를 읽고 설계하는 사람은 성공하지만 열정으로만 움직이는 사람은 실패하기 때문이다.

고소득 직장인도 마찬가지다. 대기업이나 외국계 기업에서 높은 연봉을 받은 사람은 경제 감각이 뛰어나 사업을 잘할 것 같지만, 막상 자기 사업을 시작하고는 허무하게 무너지는 사례가 많다. 근로 소득을 올리는 능력과 사업을 통해 자본을 창출하는 능력은 전혀 다르다.

운동선수에게 운동신경이 중요하듯, 창업자에게도 부의 감각이 중요하다. 하지만 이 감각은 타고나는 것이 아니다. 우리는 가난한 환경에서 부를 얻은 사람들의 이야기를 알고 있다. 부의 감각을 스스로 깨닫고 학습하고 훈련할 수 있다는 뜻이다.

부의 감각은 돈을 좋아한다고 생기지 않는다. 이 감각은 돈이 작동하는 원리, 부의 기회를 발견하는 요령, 경쟁이 발생하고 경쟁에서 이기는 방법, 들어오는 돈의 속도와 나가는 돈의 속도를 이해하는 과정에서 생겨난다. 이러한 깨달음을 습관으로 유지할 수 있어야 한다. 따라서 이 감각은 깨닫고, 배우고, 연습해야 강화된다.

경영학이나 MBA 학위를 이수하면 부의 감각을 배울 수 있을까? 안타깝지만 답은 '아니다'에 가깝다. 경영학 지식은 참고할 도구가 될 수는 있지만, 그 자체로는 부족하다. MBA 졸업장도 마찬가지다.

MBA에서 대단한 지식이나 구조를 배울 것 같지만 사실은 그렇지 않다. 경영학의 세부 분야를 두루 공부하는 효과는 있겠지만, 부의 감각을 익힐 수는 없다.

MBA 강의를 하는 교수들은 어떤 생각을 할까? 그들은 커리큘럼을 기반으로 자신이 맡은 부분의 지식을 잘 전달하고 적당한 강의평가를 받는 데 익숙하다. 자신이 가르친 학생들이 실제로 부자가 되는지에는 관심이 거의 없다.

그들은 부의 감각을 길러볼 만한 상황을 겪지 않았다. 무언가를 직접 팔거나 영업을 해본 경험이 없으니 체험할 수 없고, 체험한 적이 없으니 생생하게 가르칠 수도 없다.

이러한 한계는 논문에도 드러나 있다. 〈경영학자들의 경영 자문을 통한 산학협동〉에는, 경영학자들이 현장에서 CEO에게 자문을 제공하려 했지만 효과를 내지 못했다는 고백이 기록돼 있다.

반면 무용학과나 성악과 교수는 자신이 느꼈던 극단의 세밀함과 예민함을 어떤 식으로든 전달할 수 있다. 그들은 직접 체험해보았고 단련해보았다.

부의 감각은 꼭 필요하다. 직장인에게 이직은 흔한 전략이 되었고, 사이드 잡과 창업을 준비하는 사람이 급증하고 있다. 주식과 부동산 투자 열풍도 그 연장선상이다.

과거에는 '돈을 아껴 쓰는 법'에 초점을 맞춘 책이 많았다. 그러나 이제는 돈을 벌고, 가치를 창출하고, 현금이 쌓이는 구조에 대한 이해가 필요하다. 공급자 관점에서 부를 다루는 책, 《부의 감각》이 필요한 이유다.

부의 감각은 선택이 아니다. 생존과 번영을 가르는 기준이다. 여러분이 그 기준을 익혀 자신의 삶과 사업에 적용할 수 있기를 바란다.

부를
만들어내는
법

1

1

사업의 목적은

현금 창출이다

사업의 원리를 이해하면 더 재미있게 경영할 수 있다. 사업이 주는 재미는 무엇일까? 바로 '부富가 쌓이는 것'이다. 통장이 불어나는 재미다.

창업자로 살아남아 활동하는 분 중 평범한 사람은 없다. 영업력이 뛰어나거나 카리스마가 엄청나거나 사교성이 대단하거나 기술력이 특출나거나 정신력이 강하거나 등 특별한 부분이 있다.

그러나 살아남았다고 하여 모두 경영이 안정적인 상태는 아니다. 한 달 한 달을 견디는 위태로운 상황인 경우도 많다. 이는 회사의 규모와 상관없다. 그 원인은 대부분 '열심히 해도 현금이 쌓이지 않는 구조'에 있다.

이 구조에서는 경영자의 개인 능력이나 책임감으로 아슬아슬하게 위기를 모면할 수는 있지만, 경영의 목적을 달성할 수는 없다.

설사 답이 창업뿐인 절망적인 상황에서 시작했더라도, 위기를 모면하기만 하는 경영을 벗어나 '부가 쌓이는 구조'를 갈구하고 고민해야 한다. 시작부터 절망적인 상황이었는데, 결말까지 절망적이라면 너무 안타깝지 않은가?

왜 많은 사업가가 아슬아슬하게 경영을 이어가다 대부분 망할까? 바로 사업의 목적을 제대로 알지 못했기 때문이다. 사업의 목적이 명확해도 살아남기 어려울 텐데, 목적이 명확하지 않으니 생존하기 어려운 것은 어쩌면 당연하다.

사업의 목적은 명확하다. 현금 창출이다. 이 원리만 제대로 알아도 많은 손실을 줄인다.

사업의 목적이 현금 창출임을 명확히 이해하면, 어설프게 광고비를 쓰거나 무리하게 직원을 늘리다가 망하는 일을 막을 수 있다. 그런 행동은 현금을 창출하기는커녕 현금을 소멸시키는 길이다.

많은 사업가들이 잊는 단순한 원칙

현금을 창출해야 한다는 욕망과 의식이 선명하지 않으면 원칙은 금방 잊힌다. 카페 프랜차이즈 가맹점을 활발히 모집하는 A 기업은 2024년 영업적자 29억 원, 2023년에도 44억 원 적자를 기록했다.

더 극단적인 사례도 있다. 부동산에 IT 기술을 결합한 B 기업은 2024년 영업적자 287억 원, 2023년에는 무려 3,407억 원 적자를 냈다.

2년간의 수익을 한 번에 까먹는 기업도 있다. 손님이 테이블에서 직접 주문을 할 수 있는 식당으로 인기를 끈 C 기업은 2024년 영업적자가 179억 원이었다. 2022~2023년에 80억 원대 흑자를 기록했지만 어렵게 번 돈이 한 해 만에 다 사라졌다.

반면 송월타올은 수건을 팔아 매년 잔고가 100억 원씩 늘어난다. 2023~2024년 모두 영업이익 103억 원을 기록했다. 단순한 생활용품 기업이지만, 안정적인 현금 흐름으로 오너는 남다른 자신감을 지니고 있다. 설빙은 팥빙수를 팔아 매년 100억 원 이상 남긴다. 2024년 영업이익이 111억 원이다.

매년 100억 원씩 현금이 쌓이면 3년마다 서울의 중소형 건물을 하나씩 살 수 있다. 3년이라는 시간은 금방 흘러간다.

규모가 작아도 마찬가지다. 청초수물회는 4년마다 100억 원을 버는 횟집이다. 2023년과 2022년에는 각각 19억, 39억 원을 남겼고 2024년 영업이익은 24억 원이었다. 4년 후에는 잔고가 100억 원 늘어나고 근처의 땅을 계속 매입할 수 있다.

어느 기업의 창업자가 행복할까? 답은 명확하다. 현금을 창출하는 기업의 창업자다. 현금을 창출하는 기업은 행복과 여유를 누린다. 반면 현금이 소멸하는 기업은 말할 수 없는 고통을 겪는다. 법적 고초를 겪는 경우도 많다.

그런데 많은 창업자가 이 단순한 원칙을 잊는다. 최신 기술에 집착하고, 가설에 집착하며, '우리도 곧 잘될 것'이라는 막연한 희망에 갇힌다. 때로는 '의도된 적자'라는 말로 자신을 방어

한다. 현금이 녹아버리는 연구개발비, 광고비, 고액 연봉 인력의 인건비 등이 전략이라는 단어로 포장되어 창업자를 멸망으로 이끈다.

사업에서는 트렌드도 마케팅도 아닌 현금을 창출하는 구조를 만드는 것이 가장 중요하다. 이것이 사업의 본질이며 창업자의 행복을 결정짓는 단 하나의 요소다.

왜 창업자들은 현금 창출을 중요하게 생각하지 않는가? 그것을 논리적으로 배울 기회가 없었기 때문이다. MBA 수업에서 기업의 목적이 이윤 추구인지 사회적 책임인지 물어보면 학생 대부분은 당황한다. 그러나 이 질문은 잘못되었다. 둘 다 명확한 답이 아니다.

기업의 목적은 '이윤 추구'라는 습관화된 답변이 있다. 그러나 창업자에게는 '이윤 추구'가 아니라 '현금 창출'이 정확한 답변이다. '이윤 추구'는 선명하지 않고 '현금 창출'은 선명하다.

추구追求는 목적을 이룰 때까지 구한다는 뜻이다. 평화 추구, 가치 추구 등의 단어에서 어감을 알 수 있듯 추상적 개념이다. 그러나 현금 창출創出은 얼마나 창출했는지 실제 숫자로 명확하게 표시할 수 있다.

따라서 창업자는 이윤 추구라는 모호한 입장이 아니라 '현금을 얼마나 창출했는가'라는 구체적 질문을 던져야 한다. 그러면 창업자는 현금을 단기적으로 창출하는 것이 유리할까? 장기적으로 창출하는 것이 유리할까? 당연히 후자다.

그러기 위해서는 사회적 책임을 다해야 한다. 돈을 버는 방식과 절차를 사회적으로 설명 가능하고 지지받을 수 있어야 한다. 따라서 사회적 책임은 현금 창출이라는 기업의 목적을 이루기 위해 당연히 가져야 할 자세다.

창업자는 다음과 같이 사업 목적이 '현금 창출'임을 논리적으로 명확하게 이해하고, 현금 창출액을 최종 결과물로 상정해 관리해야 한다.

- 이 책은 최종적으로 현금을 얼마나 창출했는가?
- 이 소프트웨어는 최종적으로 현금을 얼마나 창출했는가?
- 이 사업은 최종적으로 현금을 얼마나 창출했는가?

현금 창출은 기업의 생존 조건이자 창업자의 자유를 보장하는 유일한 기반이다. 트렌드, 기술, 화려한 브랜딩은 모두 수단일 뿐이다. 이 본질을 잊으면 화려한 단어들의 착시에 빠져 결국 파멸한다.

반대로 현금을 꾸준히 창출하는 구조를 갖춘 기업은 자유를 누리며 번영한다. 그러면 외부 자본에 의존하지 않고도 규모를 확장할 수 있고, 원하는 시점에 큰 기회를 잡을 힘이 생긴다.

사업가라면 오늘 당장 자신에게 물어야 한다.

"이 선택은 현금을 만들어내는 길인가?"

이 질문에 명확히 답할 수 있다면, 당신의 기업은 올바른 길 위에 있다. 목적은 단순하다. 현금 창출. 이것이 경영의 본질이며, 당신의 기업이 살아남는 유일한 길이다.

목적이 명확하면
전략도 명확해진다

기업의 목적이 현금 창출이라고 강조하는 이유가 있다. 목적을 명확하게 정의하면 전략도 쉽게 제시할 수 있다.

전략만큼 기업 현장에서 모호하게 남발하는 단어가 있을까? 전략에 대한 오해를 바로잡고 현금을 창출하는 관점에서 전략을 명확히 이해해보자.

전략에 대한 오해

많은 사람이 전략을 '고도의 사고'나 '복잡한 계획'으로 착각한다. 전략기획실에서 수백 장의 슬라이드가 나오고, 보고서에는 최신 경영 트렌드와 어려운 단어가 넘쳐난다. 전략 컨설턴트는 화려한 차트와 분석 모델을 가지고 등장하고, 전략 고수들은 각종

프레임워크를 만들며 전략의 본질을 더 복잡하게 만든다.

기업 현장에서도 '전략'이라는 단어를 남용한다. '전략적 선택' '전략적 과제' '전략적 협업' 등 말은 그럴듯하지만 대부분 실질적인 의미가 없다. 심지어 단순한 가격 할인, 신규 매장 출점, 이벤트 기획도 '전략적'이라는 말로 포장한다.

기업의 전략은 현금을 창출하는 선택이다. 목적이 전략을 정의한다. 기업의 목적에 따른 전략의 뜻을 제대로 정의하면 업무 현장에서 사용하는 '전략적'이라는 단어도 정의할 수 있다. 바로 '현금을 창출하게 해주는'이라는 수식어다.

기업 현장에서 자주 쓰는 다음 단어들도 정리해보자.

- 전략적 마케팅: (현금을 잘 창출하도록) 판매 과정과 구조를 관리하는 것
- 전략적 인사 관리: (현금을 잘 창출하도록) 기업 구성원의 안전과 성과를 관리하는 것
- 전략적 투자: (현금을 잘 창출하도록) 새로운 분야나 관련 분야에 투자하는 것

'전략적'은 화려한 수식어가 아니라 현금 창출이라는 목적에 도움이 되는 활동이어야 한다.

헬스 케어 분야의 A 스타트업은 초기에는 신약 개발 전략에 집중했으나, 매출이 기대보다 적었다. 창업자는 "나의 행동이 현금을 창출하는가"라는 근본적인 질문을 던진 후 회사의 방향을 바꾸었다. 현금을 창출하는 탈모 복제약을 출시해 이를 바탕

으로 성장을 시작한 것이다. 덕분에 창업 초기부터 추진해오던 신약 개발 계획을 장기적 관점에서 재정비할 수 있었다.

1인 가구 증가에 발맞추어, AI 기술을 활용해 피자를 만드는 기계를 개발하는 B 스타트업이 있다. 그러나 매년 100억 원 이상의 적자가 발생했다. 취지는 좋으나 현금이 창출되지 않는 것이다. 이 상황에서는 더 나은 AI 기술을 도입한다고 해서 경영의 문제가 풀리지 않는다. 오히려 개발비와 적자만 늘어날 뿐이다.

반면 '좋은 재료 착한 가격'이라는 명확한 콘셉트를 가지고 매년 200억 원 가까이 현금을 쌓아가는 C 기업이 있다. C 기업은 언제든지 AI 기술을 적용할 수 있다.

올바른 선택을 위한 질문

전략의 본질은 선택이다. 무엇을 할 것인가, 무엇을 하지 않을 것인가. 현실에서는 단 하나의 선택이 아니라 여러 선택을 연결하고 조합할 때 전략이 완성된다. 더 중요한 것은 선택 기준이다. 그 기준은 단 하나, 현금을 지속해서 창출할 수 있는가다.

- 현금 창출을 위해 무엇을 할 것인가?
- 현금 소멸을 막기 위해 무엇을 하지 않을 것인가?

이 2가지에 대한 명확한 결정이 전략이다. 모든 선택은 하나의 질문에 대한 답을 바탕으로 해야 한다.

"이 선택이 현금을 창출하는가?"

목적이 명확하면 전략은 단순해진다. 단순한 전략은 실행 가능하며, 실행 가능한 전략은 기업을 생존과 번영으로 이끈다.

목적 없는 전략은 공허하다. 목적이 명확하면 전략의 본질도 명확해진다. 그리고 전략의 본질은 언제나 같다.

현금을 지속적으로 창출할 수 있는 선택의 결합.

이 개념을 명확히 이해하면 강력한 성과를 창출하는 전략을 세울 수 있다. 그 성과는 현금 창출이다.

3

작은 성공은 사람이 만들고
큰 성공은 사회가 선택한다

모든 CEO는 성공을 꿈꾼다. 창업하면서 자신이 실패할 거라 생각하는 사람은 없다. 그들은 확신한다. 자신의 아이디어는 혁신적이고, 시장이 분명히 반응할 것이라고. 그렇게 창업은 시작된다.

하지만 현실은 잔혹하다. 10개의 스타트업 중 9개가 5년을 버티지 못하고 사라진다. 매출이 늘지 않아 무너지는 기업, 투자금을 소진하고 사업을 접는 기업, 화려하게 시작했지만 흔적도 없이 사라지는 기업. 반면 어떤 기업은 업계의 표준이 되고, 전 세계의 고객과 자본을 끌어모으며 압도적인 존재가 된다.

무엇이 이 차이를 만들었을까? 성공한 기업은 모든 것이 완벽했기 때문일까? 아니면 행운의 결과일까?

흥미로운 사실은 성공한 기업도 완벽하지 않았다는 점이다. 초기 제품에는 결점이 있었고 서비스는 불완전했다. 그러나 하나는 해냈다. 사회로부터 선택받은 것이다.

사회로부터 선택이 성공의 본질이라는 사실을 이해하면 성공에 대한 태도가 바뀐다. 그리고 마케팅도 바뀐다. 고객을 대하는 태도도 바뀐다.

작은 성공까지는 창업자가 만들 수 있다. 강한 추진력, 끈질긴 영업, 타고난 재능이 있다면 잠깐 성과를 낼 수 있다. 제품을 만들어 몇몇 고객을 확보하고, 초기 매출을 내는 것은 창업자의 힘으로도 가능하다. 그뿐 아니라 창업자의 열정과 능력이 있다면 단기간의 화려한 스포트라이트도 받을 수 있다.

그러나 '큰 성공'은 전혀 다른 차원의 이야기다. 큰 성공은 사람들의 습관에 파고들고, 사회의 문화로 자리 잡는 상태를 의미한다. 이 단계는 창업자의 개인기만으로는 도달할 수 없다. 큰 성공은 사회적 선택의 결과다.

헤이딜러의 성공 방정식

중고차 판매업체 헤이딜러는 2023년 6월에 누적 거래액 10조 원을 돌파한 기업이다. 하지만 시작은 미약했다.

운 좋게도 나는 헤이딜러의 창업자 박진우 대표를 일찍 만났다. 내가 경영하던 기업에 그가 인턴으로 입사했다. 그는 당시 군대를 갓 제대해 복학을 기다리던 때였고, 조용하며 말수가 적었지만 단단한 마음과 빠른 학습 능력이 돋보였다.

그는 인턴을 마치고 사범대학에 복학할 예정이었지만 기획,

개발, 디자인, 마케팅, 영업 등 다양한 업무를 해보고는 창업을 시도하기로 했다. 그러고는 중고차 거래플랫폼을 만들고 싶다며 중고차 시장으로 떠났다. 중고차 딜러 일을 처음에는 무섭고 어려워했지만, 점점 적응해서 나중에는 실적 1등을 달성했다.

그 경험으로 창업한 헤이딜러는 초반부터 인기를 끌었다. 사업 1년 만에 거래액이 300억 원을 돌파했다. 매장을 방문하지 않고도 합리적인 방법으로 중고차를 팔 수 있는 방식이 많은 소비자에게 공감을 얻었다.

그런데 큰 위기가 닥쳤다. 정부에서 온라인 중고차 경매 사업자도 오프라인 중고차 경매 사업자와 동일하게 1,000평의 주차장과 100평 이상의 경매실, 각종 시설과 인력 기준을 갖추라고 요구했다. 거기다 이 법을 지키지 않으면 형사처벌 대상이 된다.

창업 시에는 예상할 수 없었던 문제로 좌절한 창업자는 결국 규제로 인한 폐업 소식을 전해왔다. 나는 그에게 폐업하지 말라고 권했지만 사업을 계속하기에는 자금이 부족했다.

그는 어떻게 사업을 계속할 수 있었을까? 당시 지인과 함께 우수한 스타트업 창업자를 돕는 앤젤펀드를 운영하고 있던 나는 앤젤펀드의 주요 운영진과 회의를 소집해 주장했다.

"우리가 이 펀드를 만든 목적을 생각해봅시다. 스타트업 창업은 아주 어렵지 않습니까? 헤이딜러는 매우 어려운 상황이지만 제품이 시장의 관행을 파괴했기 때문에 규제의 장벽을 만났습니다. 제품이 경쟁력을 갖추었지만 규제 때문에 어려움을 겪는다면, 이 기업이야말로 우리가 투자할 만하지 않습니까? 박진우 창업자의 역량은 제가 보장합니다. 1년 동안 함께 일하며 검증했습니다."

그렇게 폐업을 앞둔 헤이딜러에 대한 투자 결정이 났다. 투자를 위해 기업가치를 산정할 때, 우리는 망하기 직전인 회사의 기업가치를 초반 잘나갈 때 평가받은 대로 책정했다. 당당하게 투자받으라는 의미였다. 그렇게 헤이딜러의 주주가 되었다.

한편 헤이딜러의 폐업 예고가 연일 언론 보도로 알려지면서 비판 여론이 들끓었다. 저녁 9시 뉴스에도 나올 정도였다. 비판 여론이 높아지면서 규제 장벽을 성토하는 세미나와 공청회가 잇따라 열렸다.

결국 정부가 나서는 기적이 일어났다. 규제는 철폐되었고 극적으로 어려운 상황에서 탈출한 헤이딜러 앞에는 큰 기회가 놓여 있었다. 규제의 장벽으로 폐업해야 했던 안타까운 상황이 매스컴에 소개되는 과정에서 브랜드 인지도가 크게 상승한 것이다. 여론 덕분에 헤이딜러는 국민에게 널리 알려진 서비스가 되었다. 헤이딜러는 매우 빠르게 성장했고, 앤젤펀드도 큰 성공을 거두었다.

작은 성공, 큰 성공의 방정식

창업 초기, 제품 하나로 승부할 때는 창업자의 영향력이 절대적이다. 하지만 시간이 지나면 기업이 성장하는 방향은 사회가 결정한다. 고객 선택, 규제 환경, 문화적 흐름, 미디어 담론

등 많은 조건이 결합해 기업의 미래를 좌우한다. 사회가 '이 기업이 필요하다'라고 인정할 때, 그 기업은 비로소 시장의 판도를 바꿀 기회를 얻는다.

성공 방정식은 이렇게 바뀐다.

- 작은 성공 = 창업자의 능력×초기 실행력
- 큰 성공 = 사회적 선택×가치 공감도×누적된 신뢰

이 차이를 모르는 창업자는 자신이 지금까지 잘했으니 앞으로도 잘할 것이라고 잘못 생각한다. 그러나 현실은 다르다. 초기 생존은 개인의 힘으로 가능하지만, 확장은 사회적 지지가 없으면 불가능하다. 사회의 기준에서 선택받는 구조를 설계하지 못하면 잠깐의 성공은 오히려 더 큰 실패의 서막이 된다.

큰 성공이 사회적 선택에서 비롯된다는 것을 아는 창업자는 겸손해질 수밖에 없다. 그리고 기업은 그 선택을 받을 때까지 생존해야 한다. 생존해야 사회적 선택이라는 기회도 온다.

4

프로의 세계는
냉정하다

창업 후 누가 부자가 되는가? 얼마나 부자가 되는가? 이 질문에 대한 답은 불편하지만 분명하다. 매우 극단적인 상위권 소수가 성과 대부분을 가져간다. 법칙을 깊이 이해하지 못한 CEO는 경쟁사에 '함께 시장을 키웁시다' 등의 이야기를 한다.

그러나 극소수의 창업자들은 이 길의 결론이 정규분포가 아니라 소수의 승자 독식형 구조라는 것을 알고 있다. 이 사실을 깨달은 경영자는 시간과 자원을 다르게 쓸 수밖에 없다.

성과 분포의 잔혹한 법칙: 지프의 법칙

사람들은 '내가 열심히 하면 그만큼의 성과를 얻겠지'라고 생각한다. 그러나 창업자의 세계는 이런 상식과 거리가 멀다. 정규

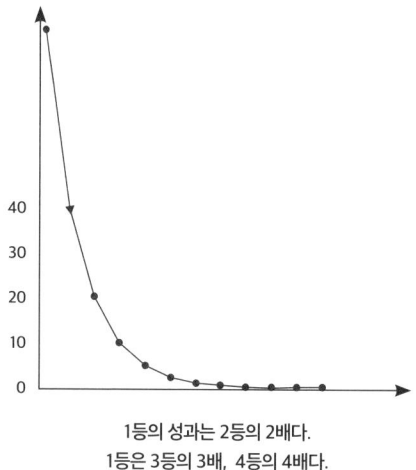

1등의 성과는 2등의 2배다.
1등은 3등의 3배, 4등의 4배다.

분포가 아닌, 상위 1%에 성과가 집중되는 구조다.

이는 스포츠나 예술 세계와 닮았다. 골프 선수 중 우리가 이름을 기억하는 사람은 극소수다. 수십만 명이 피아노를 배우지만 세계 무대에서 이름을 남기는 연주자는 손에 꼽는다. 창업도 마찬가지다. 대부분은 경쟁 속에서 사라지고 일부만 살아남는다. 그리고 극히 소수만이 독점의 경지에 올라 막대한 부를 창출한다.

냉정한 진실을 직시하지 못하면, 창업자는 잘못된 기대와 착각 속에서 불행한 결과를 맞이하게 된다.

이 극단적 분포를 설명하는 법칙 중 하나가 지프의 법칙Zipf's Law이다. 우리는 이 세계가 '모두가 조금씩' 성공하는 구조가 아니라, '극소수가 거의 다 가져가는' 구조로 설계되어 있다는 사실을 인정해야 한다. 극상위권 중심 분포는 책 판매량, 유튜브 조회 수, 음원 스트리밍, 스타트업 투자 유치금, 정치인의 인지도, 검색어 순위 등 현대사회 거의 모든 분야에서 나타난다.

창업의 세계는 이 패턴을 따르거나 혹은 더 극단적인 승자독식winner-takes-all 구조다. 2000년대 초반에 얼마나 많은 인터넷 기업이 등장했는지 떠올려보면 이 구조를 쉽게 이해할 수 있다. 지금은 네이버와 카카오 정도만 남았다.

우리가 매일 보는 것은 상위 0.1%의 세계일 뿐이며, 대부분은 이름조차 올리지 못한 '보이지 않는 다수'에 속한다. 평균 근처의 기업은 망하지 않았을 뿐, 성공한 것도 아니다.

상위 1% 이내에 들지 않으면 의미 있는 수익도, 시장의 주목도, 생존력도 얻기 어렵다. 위험비용을 생각하면 오히려 직장인보다 훨씬 위태로운 삶을 살아야 한다.

평균을 따라가는 착각의 함정

많은 창업자가 범하는 치명적인 오류가 있다. 자신의 행동 기준을 주변의 경영자와 기업에 맞추는 것이다. 모임에서 만난 사업가들이 이 정도 하니까, 나도 비슷하게 해야겠다고 생각한다.

'다들 이 정도 광고비를 쓰네, 나도 비슷하게 써야지.'

'다들 이 정도 제품 개발을 하네, 나도 비슷하게 해야지.'

여기에 함정이 있다. 성공의 길은 평균에 있지 않다. 하지만 창업자 대부분은 안전해 보이기에 평균에 맞추어 행동한다. 그러나 안전해 보이는 길은 모두가 경쟁하는 길이고, 거기에는 낮은 이익률과 소모전만 있다.

평균을 따르는 행동은 평균 이하의 결과를 만든다. 평균을 목표로 하는 순간부터 차별화 전략을 포기한 것과 같다. 시장에서 상위 1%의 성과를 내는 기업은 절대 평균에 맞추어 행동하지 않는다. 그들은 평균과는 정반대 길을 간다.

이 불균형을 이해하지 못하면 상위권에 속하지 못한다. 골프를 예로 들면, 프로 리그에 데뷔하지 못하거나 데뷔해도 상금을 받을 만한 순위에 들지 못하는 것이다. 창업에서 살아남으려면 극단적인 상위권을 목표로 하는 전략적 사고와 실행이 필요하다.

'경쟁하는 기업 중 하나로 남겠다'라는 목표는 위험하다. '독점 기업에 도달하겠다'라는 목표로 사고를 전환해야 한다.

프로스포츠 세계에서 적당한 상위권을 목표로 하는 프로 선수는 없다. 골프에서는 한 타 차이로 우승자가 갈린다. 그 우승자 사이에서도 몇 년간 압도적으로 우승해야 대중이 기억하는 선수가 된다.

창업자도 그 정도 욕심을 가져야 근본적인 전략을 제대로 고민할 수 있다.

기업은 왜 존재하는가? 경쟁하기 위해서가 아니다. 기업의 궁극적 목표는 경쟁에서 이기는 것이 아니다. 경쟁을 없애는 것, 즉 싸우지 않고도 이기는 상태를 만드는 것이다. 경쟁하는 순간부터 가격 인하, 마진 하락, 소모전이 불가피하다.

진짜 강한 기업은 독점 구조를 만든다. 고객이 새로운 제품 출시를 기다리고, 브랜드를 사랑하며, 신제품 하나에 회사가 흔들리지 않는 상태. 이 정도가 되어야 창업의 어려움을 제대로 보상받고 큰 부자가 된다.

큰 성공을 거두고 싶은 창업자는 성과의 잔혹한 법칙을 이해해야 한다.

창업자의 진짜 성적, 현금 창출액

창업자는 예술가도 학자도 아니다. 창업의 세계는 현금을 창출하는 프로들의 경기장이다. 프로 세계에서 평가는 냉정하다. 야구 선수는 방어율과 홈런으로 평가받는다. 골프 선수는 상금 누적액으로 평가받는다. 창업자는 현금 창출액으로 평가받는다.

많은 창업자가 자신의 성적을 평가할 때 착각한다. '내가 좋아하는 음악을 만들고 있다' '내가 좋아하는 가게를 만들고 있다' '내가 꿈꾸던 옷을 디자인하고 있다' 같은 것이다. 그보다 이런 꿈을 꾸어야 한다.

'어떻게 하면 매년 현금 100억 원을 창출할 수 있을까?'

'어떻게 하면 10년 이상 이 시장에서 현금을 창출할까?'

그리고 자신에게 냉정하게 물어봐야 한다.

'나는 이 분포에서 어디쯤인가?'

'내가 속한 시장에서 상위 1%가 될 수 있는 명확한 이유가 있는가?'

'그 이유가 단순한 희망이나 자기 확신이 아니라, 남들이 인정할 수밖에 없는 구조적 우위에 있기 때문인가?'

평균보다 뛰어나다는 것은 아직 덜 실패했다는 뜻이다. 고개를 들어야 한다. 사업의 세계에서는 평균의 위가 아니라 꼭대기가 중요하다. 이 분포에서는 꼭대기만이 지속 가능한 수익과 주목, 자본의 흐름을 독점한다.

성공은 확률적으로 권력과 자본, 관심이 몰리는 불균형의 분포 안에 존재한다. 그리고 그 사실을 인정하는 순간부터 진짜 전략을 짤 수 있다.

망하지 않겠다는 생각만으로는 이기기 어렵다. 이기겠다는 전략이 있어야 망하지 않을 수 있다. 그러므로 창업자는 평균을 목표로 하지 말고, '왜 나여야만 하는가'를 시장이 납득할 때까지 치열하게 구조를 설계해야 한다. 그것이 극소수에게 허락되는 진정한 프로의 클래스에 진입하는 방법이다.

5

창업, 개업, 장사는

무엇이 같고 다른가?

　많은 사람이 창업, 개업, 사업을 같은 의미로 사용한다. 그러나 이 개념을 혼동하면 치명적인 오류를 범할 수 있다. 여러분이 창업하려는지, 개업하려는지, 아니면 사업을 하려는지 정확히 구분해야 한다. 각각의 개념에는 다른 규칙, 다른 전략, 다른 위험이 존재하기 때문이다.

　유도와 씨름은 비슷해 보이지만 규칙이 다르다. 복싱과 종합 격투기도 겉보기엔 비슷하지만 이기는 전략은 완전히 다르다. 마찬가지로 창업과 개업, 사업도 겉보기에는 유사하나 본질이 다르다. 이 차이를 모르면 기대한 성과를 내기는커녕 불필요한 위험에 휘말릴 가능성이 크다.

창업의 본질: 새로운 업 창조

창업이라는 단어에는 '창創'이라는 글자가 있다. '창'은 새로운 것을 만들고, 처음으로 시작한다는 뜻을 지닌다. 따라서 창업은 말 그대로 새로운 업業을 창조하는 것, 기존에 없던 업을 세상에 등장시키는 행위다.

창업은 단순히 가게를 열거나 사업자를 등록하는 것이 아니다. 이미 존재하는 업종의 틀 안에서 또 하나의 점포를 여는 일은 창업이 아니라 개업이다.

예를 들어 의사가 대학병원을 나와 개인병원을 열 때, 이를 '창원創院'이라고 하지 않고 '개원開院'이라고 부른다. 마찬가지로 판사나 검사가 퇴직 후 변호사 사무실을 차릴 때, 이를 '창업'이라고 부르지 않고 '개업'이라고 한다. 기존에 존재하는 비즈니스 모델을 그대로 따르는 행위라 그렇다.

카페나 편의점도 마찬가지다. 수많은 카페와 편의점이 이미 존재한다. 시장에서 검증된 모델로 표준화한 운영 매뉴얼도 있다. 이러한 형태는 새로운 업 창조가 아니라 기존 모델 재현이므로 본질적으로는 창업이 아니라 개업에 가깝다.

창업은 시장에 없던 새로운 사업 모델을 세상에 등장시키는 것이다.

- 새로운 문제를 해결
- 기존 문제를 완전히 다른 방식으로 해결
- 고객의 행동을 바꾸는 혁신적 제안

위와 같은 조건에 해당하는 경우를 창업이라고 부른다. 예를 들어 토스가 '전화번호만 알면 송금 가능'이라는 메시지로 금융의 전통적 관습을 바꾼 것, 배달의민족이 '음식 주문'을 앱 기반으로 전환한 것과 같은 혁신이 창업의 본질이다.

창업이 개업보다 더 멋있고 위대하다는 뜻은 아니다. 창업이 더 위험하다는 데 차이가 있다. 창업의 길을 선택한 CEO가 개업한 CEO와 비슷하게 행동하면 성공할 수 없다. 반대로 개업한 CEO가 창업 수준으로 리스크를 지면 크게 망하게 된다.

창업의 특징: 하이 리스크, 하이 리턴

창업은 기존에 없던 모델을 만들기 때문에 불확실성이 매우 큰 정글로 들어가는 것과 같다. 고객이 받아들일지, 시장이 열릴지, 사회가 변화를 받아들일지는 아무도 모른다. 그래서 리스크가 크다.

하지만 리스크가 클수록 성공했을 때 받는 보상도 크다. 새로운 업을 창조한 기업은 독점적 지위를 차지할 수 있다. 카테고리를 창조해서 제패하면 네트워크 효과와 규모의 경제가 따라온다. 초기 리스크를 감수한 대가로 막대한 부를 얻는 것이다.

이를 바탕으로 창업과 개업을 구별할 수 있다.

- 창업: 기존에 없던 업 창조 → 높은 위험, 높은 보상

- 개업: 기존 모델을 기반으로 경쟁에 참여 → 낮은 위험, 적정 보상
- 본질적 차이: 불확실성의 크기와 기대 이익의 규모

장사는 사업보다 낮은 단계라는 잘못된 통념

많은 사람이 장사는 사업보다 한 단계 낮은 개념이라고 오해한다. 심지어 "장사는 시스템을 갖추기 이전 단계고, 시스템을 갖추어야 비로소 사업이다"라는 이야기도 자주 한다. 그러나 이는 매우 위험한 발상이다.

일반적으로 사람들은 이렇게 구분한다.

- 장사: 사장이 현장에서 직접 뛰며 돈을 버는 것
- 사업: 사장이 현장을 떠나도 시스템이 돌아가는 것

이 설명은 부분적으로 맞지만 본질은 아니다. 장사든 사업이든 목표는 '현금 창출'이다. 아무리 화려한 시스템을 갖춘다고 해도 현금이 돌지 않으면 의미가 없다. 여기에서 시스템은 도구일 뿐 목적이 아니다.

많은 창업자가 이런 이야기를 듣는다.

"당신은 아직 장사꾼에 지나지 않다. 시스템을 만들어야 진짜 사업가가 된다."

이 말 때문에 초보 창업자가 무리하게 시스템을 갖추려 하

는 경우도 있다. 자동화, 조직 확장, ERP(전사적 지원 관리) 도입, 브랜드화 등 멋있어 보이는 것에 집중한다. 하지만 이 과정에서 현금 흐름이 무너진다.

현금이 돌지 않는데 시스템에 돈을 쏟아붓기 시작하면 사업은 소멸의 길로 접어든다. 시스템은 현금을 만든 이후에 확장하기 위한 도구이지, 그 자체가 현금은 아니다.

가장 중요한 '현금 창출 능력'

장사를 낮게 보는 것은 잘못된 시선이다. 김치찌개집 사장님이 매달 안정적으로 현금을 만들어내고 있다면 그분은 이미 경영의 본질을 실천하고 있다. 반대로 거창한 시스템을 구축하고 수십억의 투자를 받아놓고도 현금 흐름을 만들지 못하는 스타트업은 위험한 상태다.

사업의 수준을 가르는 기준은 '시스템'이 아니라 '현금 흐름'이다. 현금이 돌지 않는 시스템은 '죽은 시스템'이다. 단순한 방식이라도 현금을 꾸준히 창출하는 구조가 '살아 있는 구조'다. 경영자는 이후 자동화와 구조화로 시스템 효율을 높여야 한다. 마지막으로 브랜드화와 확장 전략을 통해 스케일업한다.

시스템보다 현금, 명칭보다 실질

　창업, 개업, 사업, 장사. 이 단어들의 의미 차이를 정확히 구분하지 못하면 큰 오류를 범할 수 있다. 창업은 새로운 업을 창조하는 도전이고, 개업은 기존 업을 재현하는 안정적 선택이다. 장사와 사업의 구분보다 중요한 것은 누가 더 많은 현금을 안정적으로 창출하느냐다.

　아무리 화려한 시스템을 갖추어도 현금이 돌지 않으면 모든 것이 무너진다. 소박한 구조라도 꾸준히 현금을 만들어낸다면 강력한 생존력을 갖춘 비즈니스가 된다. 시스템은 현금을 대신할 수 없으며 브랜드는 적자를 메워주지 않는다.

　비즈니스의 본질은 '현금 창출 능력'이다. 여러분이 창업자든 개업자든 장사꾼이든, 이 본질을 잊지 않는다면 어떤 환경에서든 생존하고 성장할 수 있다. 그 반대라면 화려한 마케팅도, 복잡한 전략도, 거대한 자본도 오래 버티지 못할 것이다.

　핵심은 명확하다. 창업과 개업, 장사와 사업의 구분보다 중요한 것은 현금을 만드는 힘이다. 이 힘이 있는 자가 시장에서 살아남고 번영한다.

6

투자받는 사업계획서에는

패턴이 있다

기업이 성장하는 과정에서 투자 유치는 기업의 생존과 발전을 위해 매우 중요하다. 특히 초기 스타트업 투자 유치는 자금 조달 수단을 넘어, 매출이 충분하지 않은 사업 초기 단계에 법인 통장으로 현금이 입금되는 성과를 창출할 수 있다.

복잡하고 어려운 투자 유치용 사업계획서

많은 창업자가 투자 유치를 어려워한다. 곰곰이 생각해보면 투자 유치용 사업계획서 작성은 본질적으로 어려운 작업이다. 사업계획서의 유형은 용도에 따라 다양하다. 사내 보고를 위한 사업계획서가 있고, 정부 기관에 제출하기 위한 것도 있다. 그중 '투자 유치용 사업계획서'의 난이도가 가장 높다.

기업에 근무하는 이들은 사내 보고를 위한 사업계획서 작성에 많은 에너지를 쏟지만, 깊이 들여다보면 이는 아군끼리의 문제다. 내부 갈등이 있어도 회사 내 구성원 사이의 의사소통이다. 상사 관점에서는 본인의 돈을 잃는 문제도 아니다.

정부 제출용 사업계획서는 이보다 난이도가 높다. 경쟁률이 높은 상황에서 일정한 평가 기준을 바탕으로 요건에 미달하는 점을 찾아내 탈락시키는 과정이 있어서다. 그런데도 투자 유치용 사업계획서보다 난이도가 낮다고 할 수 있다. 역시 심사자 본인이 경제적 손실을 보는 문제는 아니어서다.

반면 투자 유치용 사업계획서는 차원이 다르다. 만약 검토자가 잘못된 선택을 할 경우, 그는 경제적 손실을 볼 수 있다.

선택 확률이 매우 낮은 것도 난이도를 높이는 이유 중 하나다. 투자 유치용 사업계획서는 보통 100개 기업 중 1~2개 정도만 선택될 정도로 까다로운 과정을 거친다. 벤처캐피털vc 같은 심사역은 종일 수십 건의 새로운 사업 아이템을 검토한다. 자연히 '의심'을 전제로 평가를 시작하게 된다.

계획과 다른 '사업계획'

이제 계획의 관점에서 다시 살펴보자. 일반적인 계획은 자세하고 꼼꼼할수록 좋은 평가를 받는다. 예를 들어 여행 계획을 짤 때는 교통편, 숙식, 관광 등에 대한 자세한 정보를 확보할수록 상대방에게 만족을 줄 수 있다. 그러나 사업계획은 자세한 것만으로는 부족하다.

여기에는 이 기업에 돈이 쌓이게 될 것이라는 '시스템적 스토리'와 '구조'가 담겨 있어야 한다. 그 중심에는 창업자의 명확한 의도와 강력한 의지가 있어야 한다.

즉 창업자의 의도 → 미래에 실현될 모습 → 이를 방해하는 요소에 대한 대응 전략 → 그 결과로서의 성과가 논리적으로 연결되어야 한다.

투자 결정 주체와 판단 구조

투자자 앞에 선 창업자는 열과 성을 다해 자신의 성공 가능성을 호소한다. 하지만 대부분 좋은 결과를 내지 못한다. 듣는 사람의 심리를 이해하지 못한 경우가 많아서다.

우리는 유튜브를 보다가 관심이 없거나 마음에 들지 않으면 바로 꺼버린다. 넷플릭스를 볼 때도 마찬가지다. 반면 VC는 자신 앞에 선 창업자가 마음에 들지 않아도 예의상 1시간 가까이 억지로 들어야 한다.

이는 꽤 고통스러운 일이다. 그런 만큼 창업자는 자신이 하고 싶은 말보다 상대가 듣고 싶은 말을 해야 본인에게 유리하다는 점을 받아들일 필요가 있다.

질문을 바꾸어보자. 창업자들이 마음속에 품은 "투자를 받고 싶다"라는 문장에는 어폐가 있다. 투자 유치의 성패는 내가 아니라 제3자인 투자자의 선택에 달려 있다. "내가 투자를 받고 싶다"라는 문장을 "상대방이 투자하게 만들고 싶다"로 바꾸어야 한다.

투자 유치 성과를 만들어내기 위해서는 투자 여부를 결정할 상대의 심리구조를 명확히 이해하고, 그들이 원하는 포인트에 맞추어 전달해야 한다는 것이다. 이는 철저히 '3인칭 중심' 시각으로 사업계획서를 작성해야 한다는 뜻이다.

그렇다면 어떤 말을 해야 투자자의 마음을 움직일 수 있을까? 아래의 2가지 예시를 살펴보며 투자자가 어느 기업에 투자하고 싶어 할지 판단해볼 수 있다.

1번 기업(주관적 설명)

"저희는 지난 3년 동안 주말에도 계속 일하면서 △△ 제품을 정말 열심히 만들어왔습니다. 마침내 시제품을 개발했는데 주변에서 반응이 좋습니다. 이제 정식 제품을 만들고 싶습니다. 3억 원만 투자해주십시오. 지금부터 열심히 개발하면 내년까지 출시할 수 있습니다."

2번 기업(객관적 설명)

"전국 중고차 시장 규모가 ○○조입니다. 이 시장은 아직도 주먹구구로 돌아가서 소비자들이 불편해합니다. 저희가 만든 모바일 중고차 플랫폼으로 이 문제를 해결할 수 있으며 이미 해외시장에서는 이러한 트렌드가 나타나고 있습니다. 한국에서도 전체 시장의 ○○%가 디지털로 전환될 것이라 예상되며, 이 경우 직접적인 시장은 ○조가 됩니다. 저희 플랫폼이

이 신규 시장의 ○%를 잠식하고 이 중 ○%가 실질적인 유료 고객이 되고 이 중 ○%가 연간 ○○원을 지출하면 연 매출 ○○억 원을 달성할 수 있습니다. 전체 중고차 시장이 연 ○%로 성장 중이고 저희의 시장 진입 속도가 'V'면, 저희의 ○년 후 매출액은 ○○○억 원이 되고, 이를 바탕으로 한 기업가치는 ○○○억 원입니다."

환금성이 낮은 비상장 주식을
더 비싸게 사는 이유

투자자는 창업자가 열심히 하기를 바라는 것이 아니라, 놀라울 만큼 매우 잘하기를 원한다. 투자란 환금성이 낮은 비상장 주식을 프리미엄을 주고 매입하는 행위다. 이 선택을 정당화하려면, 해당 기업의 가치가 빠르게 오를 것이라는 강한 확신이 있어야 한다. 즉, 창업자의 IR은 곧 자신의 주식을 '비싸게 파는 일'이며, 그 이유가 사업계획서에 강력하게 나타나야 한다.

VC는 해당 스타트업이 압도적으로 성장할 것이라는 판단이 생겨야만 투자 결정을 고려한다. 심지어 그 믿음이 단 1명의 심사역에게만 생겨서는 부족하다. 투자 결정에는 해당 VC의 상사, 동료, 투자심의위원회 그리고 펀드 출자자LP까지 다양한 이해관계자의 동의가 필요하다.

따라서 투자 유치용 사업계획서에는 문서를 읽은 단 한 사람뿐만 아니라, 여러 명의 비전문가도 이해하고 납득할 수 있는 구조화된 이야기와 논리를 담아야 한다.

크라우드펀딩 플랫폼에 2가지 프로젝트가 있다고 가정해보자. A 프로젝트는 BTS의 새 앨범 프로젝트로 상업성은 보장할 수 있다. B 프로젝트는 이제 막 데뷔한 가수의 퓨전 재즈 앨범이다. 아이디어는 있으나 상업성이 낮아 보인다.

투자자라면 누구에게 투자하고 싶을까?

안타깝게도 창업자는 자신의 프로젝트가 A 프로젝트라고 생각하지만, 투자하는 사람은 B 프로젝트로 받아들이는 경우가 많다.

팀 구성도 마찬가지다. 이번에는 야구팀에 비유해보자. C팀 선수들은 대부분 프로야구 출신으로, 타자들이 평균 3할대의 불방망이 타선을 자랑한다. 선발투수진 방어율도 1점대에 불과하다. 반면 D팀은 열정만 가득한 '사회인 야구팀'이다.

어느 팀이 투자를 유치할 수 있을까?

여기서도 창업자들은 자신이 C팀이라고 생각하고 발표하지만, 투자자는 D팀처럼 느끼는 경우가 많다.

투자 유치용 사업계획서는 '압도적 성과를 전제한 설득'을 담아야 한다. 상대방이 함께 흥분하며 미래를 믿고 베팅하고 싶은 마음이 들어야 한다. 그리고 그 기대감은 우연이나 단기적인 수준을 넘어, 지속적인 성공 가능성이라는 확신으로 연결되어야 한다.

그렇다면 질문은 이렇게 바뀐다.

"어떻게 해야 상대방이 '이 회사는 앞으로 더 좋아질 것이다'라는 생각을 할 수 있을까?"

지속적 경쟁 우위를 증명하는 논리

프로야구 선수도 2년 차 징크스를 겪는다. 첫해에는 좋은 성과를 내더라도 다음 해에는 실력이 주춤하는 경우가 많다. 투자자도 마찬가지다. 지금 잘되는 스타트업이라 해도 그 성공이 계속될지 끊임없이 의심하고 걱정한다.

따라서 창업자는 다음과 같이 대답할 수 있어야 한다.

"지금도 뛰어나지만, 다음 제품은 훨씬 더 우수합니다."

"우리는 이미 시장을 장악했고, 플랫폼이 되고 있습니다."

문제는 발표 중간에 투자자의 기대를 꺾어버리는 실수를 자주 한다는 점이다. 가장 흔한 실수는 "경쟁자가 누구냐"라는 질문에 없다고 답하는 것이다. 이 한마디는 투자자의 신뢰를 단숨에 무너뜨릴 수 있다.

아래의 예로 비교해보자.

1번 기업(자신감 위주 설명)

저희는 신기술을 사용합니다. 올해 초에는 특허도 받았습니다. 얼마 전 다녀온 유명 해외 박람회에서 상도 받았습니다. 저희는 이 제품이 시장에서 최고가 될 것이라고 믿습니다.

2번 기업(경쟁자에 대한 준비가 되어 있는 설명)

저희도 늘 이 산업에 새로운 경쟁자가 나타날 것이라 봅니다. 우리 제품이 뛰어난 만큼 당연히 경쟁자도 생겨날 겁니다. 저희는 그 미래를 고려해 준비해왔고, 다음과 같이 전략을 실행하고 있습니다.

국내 최대 고객사인 A사와는 단순한 공급 계약을 넘어 △△ 방식으로 양사에게 이익이 되는 장기 계약을 체결했고, 우리 산업에 진입할 수도 있는 B사와는 다른 프로젝트를 통해 협력을 지속해왔으며, 관련 기술의 속도가 빠르기는 하지만, 해외 C사로부터 선행 기술을 도입하고 그 대가로 해당 국가에 대한 판매권을 설정했습니다.

직접적인 경쟁 관계는 아니지만 빠르게 성장하고 있는 중국의 □□ 산업체를 이러저러한 방식으로 주시하고 있고, 단순 속도와 양적 경쟁을 넘을 수 있는 차원의 후속 비즈니스 모델을 준비하고 있습니다.

경쟁자에 대한 이해와 대비가 부족하다는 인상을 주면 아무리 제품이 좋아도 투자의 문은 열리지 않는다. 경쟁자의 존재를 인정하고, 그에 대한 전략적 대응책을 구체적으로 제시할 창업자에게 투자자는 신뢰를 느낀다.

투자자는 '리스크를 회피할 수 있는 설계'를 살핀다. 단지 기술이나 열정이 아니라, 경쟁 환경에서 어떻게 지속적으로 이겨나갈 것인지에 관련된 시나리오 기반 설명이 필수다.

상대의 관점에서 설계하는 투자 유치 구조

투자 유치는 단순한 자금 조달 문제가 아니다. 기업의 미래를 증명하는 첫 번째 시험대이며, 설득으로 타인의 자본을 움직이게 만드는 고난도의 전략적 설계 행위다.

"열심히 하겠다" "진심을 담았다"라는 말로 채운 주관적 설명으로는 충분하지 않다. 투자자는 '지금 당장 감동'이 아니라 '앞으로의 압도적 성장 가능성'을 사고자 한다. 따라서 감정이 아니라 구조로, 의지가 아니라 증거로, 열정이 아니라 논리로 설득해야 한다.

투자 유치용 사업계획서는 투자자가 듣고 싶어 하는 말을 구조적으로 설계하는 문서다. 프리미엄을 주고 비상장 주식을 매입하는 것과 같이 리스크 높은 결정을 내려야 하는 상황에서 투자자가 자신의 선택이 합리적이라고 판단할 수 있도록 구체적인 시장 데이터, 성장 시나리오, 경쟁 전략, 수익 모델 그리고 지속 가능성까지 모두 담아야 한다.

"어떻게 하면 투자를 받을 수 있을까?"가 아니라 "어떻게 하면 상대가 나의 주식을 사고 싶게 만들까?"로 질문을 바꾸어야 한다.

상대의 시선으로 나를 바라보는 사고로 전환해야 한다. 3인칭 관점에서 투자자의 입장을 깊이 이해하고, 그들의 불안과 리스크를 해소하며, 의사 결정과 연계된 모든 이해관계자가 납득할 수 있도록 설계해야 한다. 이것이 진짜 사업계획서의 본질이며 투자 유치의 핵심이다.

결국 투자 유치란 상대의 관점에서 나의 가능성을 논리적으로 증명하는 지적 설득의 예술이다. 그 예술을 정교하게 구성할 수 있는 창업자에게 자본은 매력을 느끼고 반응한다.

부의 감각

7

부의 기회를 포착해
내 것으로 만들자

갑자기 운이 좋아져 큰 성공을 거둔 사업가들이 있다. 그러나 잘 들여다보면 그들에게도 패턴이 있다.

부의 기회를 포착하는 방법은 창업이나 개업을 준비하는 사람들에게 매우 중요하다. 이는 시간과 비용을 크게 아낄 수 있게 한다. 반면 부의 기회를 제대로 포착하지 못한 상태에서 창업을 시작하면 오랜 시간 고생할 가능성이 크다. 흔히 말하는 '돈 냄새'가 나지 않는 사업을 시작하면 시간이 흐를수록 고통이 커진다.

그러면 어떻게 부의 기회를 포착할 수 있을까? 피터 드러커가 정리한 '혁신의 원천 7가지 유형'에서 그에 대한 힌트를 얻을 수 있다.

부의 기회가 보이는 7가지 상황

① 예상하지 못한 사건

시장에서 갑작스럽게 수요가 급증하거나 공급의 충격이 일어나는 상황이다. 경제학적으로 공급의 충격은 생산이나 유통 체계에 예기치 못한 변화가 발생해 상품의 공급량이 급격히 줄어들거나 늘어나는 현상을 의미한다.

예를 들어 코로나19 팬데믹 시기에 공장 가동이 중단되고 물류 공급에 차질이 생겨 원자재, 반도체, 마스크 등 주요 품목의 공급이 급감한 상황이 대표적이다. 공급의 충격은 단기간에 가격 변동과 수급 불균형을 초래해, 특정 산업에는 위기지만 다른 산업에는 새로운 기회가 되기도 한다. 예측하기 어려우나 한 번 발생하면 폭발적 기회를 만들어내는 것이다.

그러나 기업 대부분은 변화를 빠르게 감지하지 못하거나 대응이 늦어 기회를 놓친다. 2020년 초에 마스크는 어느 순간 '선택 품목'에서 '필수품'으로 바뀌었다. 기존 생산업체는 수요를 감당하지 못했고, 기민하게 대응한 신생 업체는 몇 달 만에 수십억 원의 매출을 올렸다.

비슷한 사례를 1950년대 미국 백화점 산업에서도 찾아볼 수 있다. 당시 메이시스는 세탁기와 냉장고 판매가 급증했는데도 일시적 호황이라 여겼다. 반면 블루밍데일스는 이 신호를 읽고 가전 매출 확대에 집중해 산업 내 순위를 크게 끌어올렸다.

예상하지 못한 사건은 곧 새로운 기회다. 작은 신호라도 보이면 자원과 에너지를 집중해 기회를 살려야 한다.

② 고객 기대 – 서비스 불일치

시장에서 서비스가 고객의 기대에 부합하지 않는 경우가 있다. 고객이 불편함을 참으면서 이용하는 영역에서는 반드시 혁신이 일어난다. 이 불편함을 해결하는 순간 시장의 판도가 바뀐다. 고객은 언제나 편리함을 위해 비용을 지불한다.

온라인 게임 아이템 거래를 예로 들어보자. 과거에는 거래가 비공식적으로 이뤄져 사기 사건이 빈번했다. 이를 해결하기 위해 등장한 아이템 거래 플랫폼은 안전성을 무기로 단숨에 시장을 장악했다.

또 다른 예로 중고 거래 시장이 있다. 과거 중고나라 같은 커뮤니티 기반 거래 시장에서도 사기 문제가 일어나는 등 불편함이 컸다. 그러나 번개장터 등 새로운 플랫폼이 안전장치와 간편 결제를 도입하면서 문제를 해결했고, 시장은 급격히 성장했다.

교훈은 단순하다. 불편함이 있는 곳에 돈이 있다. 고객의 불편함을 찾아내면 부의 기회를 포착할 수 있다.

③ 비용 절감 공정

산업의 공급망, 생산·운영 과정에서 반드시 해결해야 하지만 자체적으로는 해결되지 않는 비효율적인 부분이 있다. 공정이 비효율적이면 기업은 더 많은 비용을 투입해야 한다. 이를 혁신하는 기업은 여러 거래처를 확보할 수 있다.

대표적인 사례가 보험사 문서 처리 분야다. 국내 대형 보험사는 과거 수백만 건의 문서를 수작업으로 처리해 상당한 비용을 치러야 했다. 이 문제를 국내 기업 에임스AIMS가 해결했다. 에임스는 AI 기술로 대규모 문서 처리 과정을 자동화해 보험사의 핵심 문제를 해결했고, 대형 고객을 확보하며 빠르게 성장했다.

또 다른 예는 친환경 패키징이다. 라벨을 제거한 생수병, QR 코드 인쇄 등은 규제와 친환경 트렌드가 결합해 탄생한 새로운 영역이다.

교훈은 분명하다. 비용을 절감할 수 있다면 돈을 벌 수 있다. 특히 B2B 혁신은 대부분 이 영역에서 시작된다.

④ 산업구조 재편

산업의 기존 질서가 무너지고 새로운 판이 짜이는 순간, 부의 기회는 폭발한다. 기존 강자의 힘이 약화하고 신생 기업이 부상할 수 있는 황금기가 열린다.

미디어 산업이 좋은 예다. 유튜브와 넷플릭스가 등장하면서 콘텐츠 소비 방식이 완전히 달라졌다. 공중파 TV가 지배하던 시대는 끝났다. 이 변화는 단순한 트렌드가 아니라 구조적 혁신이었다. 이제는 1인 크리에이터가 글로벌 스타가 된다.

리테일 산업도 마찬가지다. 오프라인 중심에서 온라인 중심으로 재편되는 과정에서 온라인 커머스 기업이 급성장했다.

구조 변화는 거대한 쓰나미다. 미리 서프보드를 준비한 자만이 파도를 탈 수 있다.

⑤ 인구구조 변화

연령, 가구 형태, 지역 인구의 변화는 소비 패턴을 완전히 바꾼다. 다행히 이 변화는 예측 가능하기 때문에 장기 전략을 설계하는 데 매우 유리하다.

최근 몇 년간 1인 가구의 급증은 밀키트, 소형 가전, 소포장 식품의 폭발적 성장을 이루었다. 고령화는 시니어 맞춤형 헬스 케어, 금융 서비스, 요양 산업에서 새로운 기회를 열었다.

⑥ 가치관 변화

사회적 인식, 윤리, 건강, 라이프스타일이 바뀌는 순간에 기회가 발생한다. 사람들의 선택 기준이 바뀌면 기존 강자의 전략은 무너지고 새로운 브랜드가 탄생한다.

웰빙 트렌드가 건강 중심의 소비를 불러온 것처럼, 윤리적 소비가 확산되며 비건 패션과 공정 무역 제품이 성장했다. 반려동물을 가족처럼 대하는 문화는 펫푸드 시장의 폭발적 성장을 이끌었다. 가치가 바뀌면 시장흐름도 바뀐다.

⑦ 새로운 지식과 기술 등장

과학 지식, 기술, 프로세스가 새롭게 등장할 때마다 시장의 규칙이 바뀐다. 따라서 새로운 기술을 남보다 먼저 이해하는 기업이 기회를 선점한다.

최근 생성형 AI가 전 세계를 흔들고 있다. 생성형 AI는 새로운 산업군을 만들었고, 수많은 스타트업이 등장하는 계기가 되었다. 블록체인은 디파이DeFi와 NFT를 통해 금융과 예술 시장을 재편했다. 재생 의료 기술도 마찬가지다. 새로운 기술이 부각되며 새 시장이 열렸다.

부의 기회를 내 것으로 만드는 방법

① 기존 수단을 새로운 목적에 활용

이미 존재하는 기술이나 자원을 새로운 용도로 전환하는 것이다. 핵심은 기존 기술을 독창적으로 활용하는 창의성이다.

예를 들어 GPS는 원래 차량 내비게이션을 위해 사용하던 기술이다. 그러나 우버는 GPS를 차량 공유 서비스의 핵심 도구로 재해석했다. 이를 통해 우버는 기존 택시 산업을 완전히 뒤집고 글로벌 모빌리티 플랫폼으로 성장했다.

혁신은 이미 존재하는 자원을 다르게 바라보는 시각에서도 비롯된다. '같은 도구로 다른 게임을 하는 발상'이 혁신의 출발점이 될 수 있다.

② 새로운 수단을 통해 새로운 목적 창출

기존 시장에는 없는 완전히 새로운 가치 제안을 만들어내는 방식이다. 자율주행차나 우주 관광 같은 산업이 대표적이다. 이 전략은 기술 혁신이 주도하며, 새로운 시장을 만들어내는 특징이 있다.

패러다임을 바꾸는 기업은 이 방식을 선택한다. 기존 질서가 존재하지 않기 때문에 선점한 자가 시장을 지배할 가능성이 크다.

부의 감각

이 전략은 도전적이지만, 실행 가능한 기술과 자본을 갖춘 기업에는 최고의 기회가 된다.

③ 기존 수단으로 기존 목적 확장

현재의 운영 방식을 더 크고 빠르게 확산하는 방식이다. 대표적 사례인 프랜차이즈는 기존 식당 운영 방식을 그대로 복제해 전국 단위로 확장하는 방식으로, 안정적인 성장 전략 중 하나다. 새로운 기술이나 복잡한 혁신을 요구하지 않기 때문에 진입 장벽이 낮고, 실행 속도가 경쟁력의 핵심이 된다.

이 전략에서 성공하려면 빠른 확산과 운영의 표준화가 중요하다. 특히 검증된 비즈니스 모델을 도입한 기업이 규모의 경제를 활용할 때 효과적이다.

④ 새로운 수단 도입으로 효율과 품질 혁신

나는 인터넷이라는 새로운 수단 덕분에 이투스를 창업해 교육 시장을 혁신할 수 있었다. 앞에서 예로 든 헤이딜러도 마찬가지다. 모바일이라는 새로운 수단을 가지고 전통적인 중고차 거래 시장을 혁신했다.

이 4가지 전략 패턴은 모두 부의 기회를 현실로 만드는 강력한 도구다. 첫 번째 전략은 자원의 새로운 활용을 통해 창의적 가치를 창출하며, 두 번째 전략은 완전히 새로운 시장을 개척한다. 세 번째 전략은 안정적이고 확실한 확장을 가능하게 하고, 네 번째 전략은 기존 비즈니스의 경쟁력을 극대화한다.

기업이 어떤 전략을 선택해야 하는지는 산업의 특성, 자본력, 기술력 그리고 목표로 하는 성장 속도에 따라 달라진다. 그러나 하나는 분명하다. 이 전략 중 하나 이상을 효과적으로 실행하지 못한다면, 지속적인 성장을 기대할 수 없다.

운의 확률을 높이는 부의 감각

많은 사람이 사업에서 운이 중요하다고 말한다. 그러나 그 운도 내가 어떤 행동을 하느냐에 따라 달라진다. 가만히 앉아 하늘에서 감이 떨어지길 기다리는 사람에게는 기회가 오지 않는다. 그러나 감나무 아래에서 자주 산책하는 사람은 감을 얻을 확률이 훨씬 높다.

부의 기회도 이와 같다. 기회는 아무에게나 주어지지 않는다. 준비된 사람, 움직이는 사람에게만 포착된다.

부의 기회를 포착할 수 있는 7가지 신호를 알면 훨씬 효율적으로 기회를 찾을 수 있다. 그리고 그렇게 찾은 운을 나의 것으로 바꾸는 요령을 알고 있으면 사업을 보는 눈이 달라진다.

이 순간에도 누군가는 감나무 아래를 걷고 있고, 어떤 사람은 자신만의 현금을 창출하고 있다. 성공은 단지 운에 달린 것이 아니라 운을 발견하고 활용하는 데 있다.

8

PMF를 억지로 맞추면
더 크게 망한다

포커 게임을 할 때 어설프게 높은 순위의 카드를 받았다가 오히려 더 큰 손해를 볼 때가 있다. 아주 낮은 순위의 카드라면 미련 없이 포기할 텐데, 애매하게 괜찮은 카드가 들어오면 '혹시?' 하는 기대감에 베팅하다가 큰 손실을 보는 것이다.

사업도 마찬가지다. 아예 반응이 없으면 빨리 접고 새 기회를 찾을 수 있다. 그러나 매출이 적당히 발생하면서도 적자가 계속되는 경우, 창업자는 잘못된 희망에 빠져 더 큰 낭패를 본다. 바로 '약한 PMF의 함정'이다.

PMF란?

PMF Product – Market Fit(제품 – 시장 적합성)는 스타트업의 성패를 좌우하는 핵심 개념이다. 시장에서 내가 만든 제품을 정말 필요로 하는가를 뜻한다. PMF를 달성하면 매출은 자연스럽게 증가하고 주문이 밀려든다. 반대로 PMF가 모자라면 마케팅 비용을 아무리 써도 매출은 늘지 않고 고객은 금세 떠난다.

온라인 쇼핑몰로 반려동물 영양제를 판매한 스타트업 A사는 초반에 집중적으로 광고한 덕분에 주문이 폭증했다. 그러나 몇 달 지나자 재구매율이 20% 이하로 떨어졌다. 고객은 단순 영양제가 아니라 맞춤형 건강관리 솔루션을 원했다. 제품이 시장의 니즈와 어긋난 것이다.

많은 창업자가 PMF의 중요성을 안다. 문제는 약한 PMF를 강한 PMF로 착각하는 데 있다. PMF을 찾았다고 믿어 인력을 확충하고, 마케팅을 확대하고, 투자를 받으려 하지만 결국 돈은 바닥난다. PMF는 그만큼 냉정하게 판단해야 하는 지표다.

약한 PMF vs. 강한 PMF

PMF에도 강약이 있다. 단순히 반응이 있다고 해서 강한 PMF가 아니다. 동네에 파스타 가게를 열었다고 가정하자. 인스타그램에서 음식 사진이 화제가 되어 손님이 몰린다. 그러나 몇 달 후, 그 손님들이 다시 찾지 않는다면 초기의 반짝 인기였을 뿐이라 할 수 있다. 재구매와 충성 고객은 없기 때문이다. 이것이 약한 PMF다.

약한 PMF의 특징

- 신규 구매는 일어나지만 반복 구매가 없다.
- 추천은 있으나 자발성이 낮다.
- 매출 곡선이 일정 기간 후 급격히 하락한다.

강한 PMF의 특징

- 고객이 기꺼이 돈을 낸다.
- 자발적 추천이 강력하다.
- 광고 없이도 매출이 폭발적으로 증가한다.
- 매출 곡선이 지속적으로 상승한다.

강한 PMF를 확보한 브랜드는, 식당으로 치면 오픈과 동시에 대기 줄이 생기는 가게다. 광고를 하지 않아도 몇 년간 예약이 꽉 찬 레스토랑, 온라인 플랫폼의 관리자 화면에서 새로고침을 누를 때마다 주문이 몰리는 쇼핑몰이 그 예다.

또 다른 사례를 비교해보자. 푸드 트럭 B사는 여름 축제에서 망고 라떼를 출시해 소셜 미디어에서 폭발적인 인기를 끌었다. 그러나 계절이 바뀌자 고객 발길이 뚝 끊겼다. 재구매 고객도 거의 없는, 반짝 수요에 그친 약한 PMF였다.

반면 배달 전문 치킨 브랜드 C사의 허니갈릭치킨은 광고 없이도 입소문이 퍼져 출시 3개월 만에 전국 판매량 1위를 기록했다. '이 메뉴가 없어지면 아쉽다'라는 반응이 쏟아졌고, 재구매율은 65% 이상 유지되었다. 이것이야말로 강한 PMF다.

패션 플랫폼 D사는 'Z세대 전용 쇼핑 앱'으로 언론의 주목을 받았다. 다운로드 수가 늘자 곧바로 50명의 직원을 채용하고 TV 광고를 집행했다. 그러나 실제 활성 사용자는 기대치의 절반에도 못 미쳤고, 투자 라운드도 무산되었다. 결국 고정비 부담을 이기지 못하고 2년 만에 문을 닫았다.

많은 창업자가 약한 PMF를 강한 PMF로 오인한다. 이때 나타나는 전형적인 실수는 인력을 무리하게 확충하거나, 대규모 광고비를 투입하고, 투자를 유치하려다 거절당해 자금난에 빠지는 것이다. 이런 실수는 기업을 무너뜨린다. 그러므로 PMF는 반드시 냉정하게 측정해야 한다.

강한 PMF 측정 지표

PMF를 정량적으로 측정하는 3가지 지표이다.

① 션 엘리스 테스트(제품-시장 적합성 테스트)

"이 제품이 내일부터 사라진다면 고객의 몇 퍼센트가 매우 실망할까?" 40% 이상이 매우 실망한다면 강한 PMF일 가능성이 높다.

② 고객 유지율

고객 유지율 곡선은 대부분 하락한다. 그러나 유지율 곡선이 일정 수준에서 평탄해져야 한다. 초기에 반짝 유입된 후 급격히 하락하고 멈추지 않는다면 약한 PMF로 봐야 한다.

③ 고객생애가치 대비 고객획득비용

고객생애가치LTV가 고객획득비용CAC의 3배 이상이어야 한다. CAC가 10만 원인데 LTV가 12만 원이면 의미가 없다. 많은 창업자가 1~2배 수준에서 PMF를 달성했다고 기뻐하다가 광고비를 쓰고 망한다.

에듀테크 스타트업 E는 앱 다운로드가 늘자 PMF를 달성했다고 믿었다. 하지만 CAC가 1만 원인데 LTV가 1만 5천 원에 불과했다. 그뿐 아니라 광고를 늘릴수록 적자가 심화되었다. 반면 경쟁사 F사는 CAC 1만 원, LTV 5만 원 구조를 만들어 강력한 PMF를 증명했다. 고객 유지율도 40% 이상 안정화되며 자연 성장 곡선을 그렸다.

강한 PMF가 가져오는 변화

헬스 케어 구독 서비스 G는 고객의 70% 이상이 6개월 이상 구독을 유지했다. 신규 고객 절반은 기존 고객의 추천으로 유입되었다. 광고비를 줄였음에도 매출이 전년 대비 3배 성장했고, 현금 흐름이 안정되면서 신제품 개발까지 가능해졌다.

강한 PMF를 확보하면 고객이 제품을 기다린다. 광고 없이도 자발적 성장곡선이 나타난다. 이에 따라 현금 흐름이 안정되고 사업 확장 전략을 실행할 여력이 생긴다. 이때부터 강한 부의 기운이 흐르기 시작한다.

9

첫 고객 100명의 질이
회사를 살린다

마케팅보다 중요한 고객 모집 전략

많은 창업자가 첫 번째 매출이 나오지 않으면 가장 먼저 떠올리는 해법이 있다. "마케팅을 강화해야 한다." 마케팅 전문가를 찾지만 마케팅 시도는 대부분 실패로 끝난다. 문제의 본질을 잘못 짚어서다.

제품을 시장에 내놓는 초기 단계에서 필요한 것은 화려한 광고도 대규모 마케팅도 아니다. 이는 오히려 독이 될 수도 있다. 이 단계에서는 초기 고객 모집 전략을 반드시 갖춰야 한다. 그리고 이 전략은 외주나 대행업체에 맡길 수 있는 일이 아니다. 창업자 본인이 직접 진두지휘해야 하는 전쟁이다.

점심 배달 앱을 개발한 스타트업은 초기에 대행사를 통해 광고를 집행했지만 고객을 거의 확보하지 못했다. 이후 창업자가 직접 오피스 빌딩을 돌며 시식 이벤트를 하자 50명의 고정 고객이 생겼다. 창업자의 적극적인 행동이 성패를 가른 것이다.

매출을 넘어서는 초기 고객의 가치

다이어트 코칭 앱 창업자는 다이어트가 절실한 고객 100명을 모집했다. 이들이 남긴 후기와 인증 숏 덕에 강력한 입소문을 탔고 투자자까지 설득했다. 첫 100명은 '사업 모델의 증거'였다.

초기에 찾아오는 고객은 단순히 매출을 올려주는 존재가 아니라 회사의 생존을 결정짓는 열쇠다. 시장이 우리 제품을 원하는지, 사업 모델이 작동하는지, 나아갈 방향이 맞는지를 알려주는 살아 있는 신호다.

창업자들 사이에서 자주 회자되는 말이 있다.

"어떤 사업이든 나를 믿고 따라올 100명의 예비 고객만 있다면 시작할 수 있다."

이 말은 과장이 아니다. 초기 고객 100명은 단순한 숫자가 아니다. 이들은 시장의 초기 진입 장벽을 깨고, 입소문을 만들고, 다음 고객을 데려오는 촉매제다.

현실에서 많은 창업자가 이 본질을 놓친 채 제품 개발에 모든 에너지를 쏟고 조직을 꾸리는 데 시간을 쓴다. 그 때문에 고객 모집 전략은 뒷전으로 밀린다. 홍보물 제작, 멋진 홈페이지, 세련된 소셜 미디어 계정에 집착하지만, 정작 고객을 실제로 끌어들일 전략은 없다.

홍보는 메시지를 퍼뜨리는 행위이고, 고객 모집은 지갑을 여는 사람들을 육성하는 과정이다. 이 차이를 이해하지 못하면 초기에 좌초할 확률이 높다.

기술보다 고객이 먼저

많은 기술 창업자가 빠지는 함정이 있다. '좋은 제품만 있으면 고객은 저절로 따라온다'라고 생각하는 것이다. 그러나 현실은 정반대다. 고객이 먼저 와야 한다. 고객이 있어야 매출이 생기고, 매출이 있어야 기술 개발을 지속할 수 있다.

배달의민족 초창기 사례를 보자. 그들은 앱이 완성되기 전부터 전단을 뿌렸다. 주문이 들어오면 창업 팀이 직접 전화를 받아 음식점에 전달했다. 시스템은 없었다. 토스도 마찬가지다. '전화번호만 알면 송금 가능'이라는 메시지를 내세웠지만, 실제로는 송금 수수료를 모두 부담하며 완전 자동화된 것처럼 연출했다.

제품 개발보다 고객 확보가 먼저다. 제품이 완벽하지 않아도 괜찮다. 고객이 실제로 사용하고 피드백하고 돈을 지불하면 그때부터 제품을 고도화하면 된다. 반대로 고객 없이 기술만 완성하려는 시도는 창업자의 자기만족에 불과하다.

진짜 고객을 찾아야 하는 이유

모든 고객이 똑같이 중요하지는 않다. 창업 초기에는 진성 고객을 확보해야 한다. 이들은 호기심으로 잠깐 사용하는 사람이 아니다. 그들은 문제를 절실히 느끼고, 해결을 간절히 원하며, 기꺼이 돈을 지불할 준비가 되어 있는 사람이다.

창업 초기에 주변 지인들에게 도움을 받는 경우가 많다. 물론 그들의 호의는 감사한 일이다. 그러나 이들은 대부분 '의리로 결제하는 고객'이다. 이런 고객을 기반으로 사업을 평가하면 오류가 생긴다. 지인의 호의는 오래가지 않는다.

진짜 고객은 내 제품이 아니면 안 되는 사람이다. 이들은 빠르게 결정을 내리고 적극적으로 사용한다. 흔히 얼리어답터라 부르는 이 그룹을 얼마나 빨리 만나느냐가 스타트업의 첫 관문이다.

독서 앱 창업자는 초기에 지인 200명을 회원으로 모집했지만, 대부분은 형식적 결제여서 재구매가 일어나지 않았다. 그러나 독서 모임을 통해 '책을 실제로 읽는 고객'을 확보하자 서비스 개선이 가능했고, 매출도 빠르게 증가했다.

창업자의 심리적 장벽과 성장 제약

많은 창업자가 고객과 마주하는 것을 미룬다. 두려움 탓이다. 고객을 만나면 비판을 듣고 제품의 부족한 부분을 드러내야 한다.

그러나 이 불편함을 회피하는 순간 창업자는 스스로 성공 가능성을 버리게 된다.

실제 사례는 많다. 어떤 벤처기업은 고객이 가입한 보험을 확인할 수 있는 앱을 만들어 높은 수준의 트래픽을 보유하고 있었다. 하지만 보험설계사를 대상으로 한 유료화를 망설였다. 창업자와 경영진은 '아직 제품이 완벽하지 않다'라는 이유로 기능을 계속 추가했다. 결국 현금이 고갈되어 다른 기업에 인수되었다. 안타깝게도 회사를 인수한 기업이 창업자가 망설이던 보험설계사 대상 유료화 전략을 즉시 실행해 흑자 전환에 성공했다.

고객이 내 앞에 있어도 창업자가 결제 버튼을 제시하지 못하면 회사는 망한다. 창업자에게 가장 큰 문제는 세상의 문제가 아니라 자신의 심리적 장벽이다. 창업자는 현금을 창출하는 구조를 만드는 사람이다. 그 역할을 회피한다면 사업은 오래가지 못한다.

제품의 성질에 따른 현금 유입 속도 차이

모든 제품이 같은 속도로 고객을 확보할 수 있는 것은 아니다. 사용이 간단하고 고객의 습관을 거의 바꾸지 않아도 되는 제품은 도입 속도가 빠르다. 고객은 큰 고민 없이 바로 사용해본다. 그에 따라 회사에 현금이 빨리 유입된다.

반면 고객의 습관을 바꿔야 하는 제품은 도입까지 시간이 오래 걸린다. ERP나 AI 기반 업무 플랫폼 같은 제품은 좋은 평가를 받아도 실제로 도입을 하기까지 복잡한 의사 결정 과정을 거친다. 그 때문에 제품이 좋아도 실제 현금은 한참 후에야 들어온다.

이보다 더 큰 도전은 사회의 패러다임을 바꾸어야 하는 제품이다. 이런 제품은 산업 구조나 사회적 규범을 바꾸려 한다. 성공하면 큰 부가 발생하지만, 고객이 이를 받아들이기까지 오랜 시간이 걸린다. 창업자는 이 사실을 외면해서는 안 된다. 사회가 패러다임을 바꿀 시간을 고려해 장기적인 현금 흐름 전략을 세워야 한다.

패러다임 전환형 제품을 준비한다면, 최소 2~3년간 버틸 자금 계획이 필요하다. 그러므로 투자 유치, 정부 과제, 외주 프로젝트 등을 통해 '버티는 힘'을 확보해야 한다.

창업자가 반드시 답해야 할 질문

이제 질문을 던져야 한다. "나는 초기 고객을 확보하기 위해 무엇을 준비했는가?" "내 제품은 첫 100명의 고객을 설득할 만큼 매력적인가?" "나는 고객을 만나고 있는가, 모니터 뒤에 숨어 있는가?" "결제 버튼을 자신 있게 제시할 수 있는가?" "내가 지금 만들고 있는 제품은 고객의 행동을 쉽게 바꾸는가 혹은 사회적 패러다임을 바꾸는가?"

이 질문에 솔직하게 답하지 못한다면 창업의 본질을 놓친

것이다. 사업의 본질은 기술이 아니다. 브랜드도 아니다. 현금 흐름을 만들어내는 고객이다.

스타트업은 대부분 고객을 만나지 않아서 실패한다. 창업자 는 자신이 만든 문제를 푸는 사람이 아니다. 창업자는 고객의 문제를 푸는 사람이다. 그 문제를 푸는 과정에서 반드시 고객을 마주해야 한다. 초기 고객을 확보하지 못한 기업은 아무리 혁신 적인 기술을 가지고 있어도 시장에서 버티지 못한다.

첫 100명을 확보하는 일은 단순한 숫자 싸움이 아니다. 그것 은 창업자의 용기, 전략, 실행력을 증명하는 첫 번째 시험이다.

10

좋은 아이디어가

왜 스케일업에서 실패하는가?

많은 창업자가 아이디어를 얻는 순간부터 성공을 확신한다. 초기 반응까지 좋으면 '이제 다 됐다'라는 착각에 빠진다. 그러나 사업의 역사에서 보면, 좋은 아이디어는 성공의 필요조건일 뿐 충분조건이 아니다.

시장에서는 수많은 '좋은 아이디어'가 사라진다. 왜일까? 단순하다. 사업 성공률 자체가 낮아서다. 100개의 창업 중 90개는 5년 안에 사라진다. 남은 10개 중에서도 지속적으로 성장하는 기업은 소수다.

나쁜 아이디어는 거의 실패한다. 그러나 좋은 아이디어도 대부분 실패한다. 그 원인은 아이디어 자체보다 스케일업 과정에 있다.

많은 창업자가 경험하는 좌절은 비슷하다. 초기에는 소셜 미디어에서 '핫한' 브랜드가 된다. 언론 기사도 나오고 VC 미팅에서도 호의적인 반응을 얻어 첫 달 매출이 기대를 넘어선다. 그런데 6개월, 1년이 지나면 이상하게도 신규 고객 유입이 둔화된다. 마케팅 비용이 늘어나지만 재구매율은 생각보다 낮다.

이 현상을 전압 강하Voltage Drop라고 한다. 아이디어는 시장에 처음 나갈 때 강한 전압을 지닌다. 그러나 시간이 지나면서 전력이 약해진다. 고객의 관심, 시장의 기대, 내부의 동력이 모두 점점 줄어든다.

왜 사업의 힘이 떨어지는가? 어떻게하면 다시 전압을 높일 수 있을까?

스케일업에 실패하는 5가지 이유

① 강한 긍정의 오류: 아이디어를 과대평가한다

초기 데이터는 달콤하다. 지인들이 칭찬하고 설문 조사에서 80%가 '좋아요'를 외친다. 그러나 초기 피드백은 착시효과다. 친분, 호의, 신기함이 작용한 결과여서다.

A 스타트업은 동네 상점의 재고 상품을 당일 픽업할 수 있도록 연결하는 앱을 선보였다. 첫 달에 수천 명이 가입했고 언론 보도까지 이어졌다. 창업자는 '전국 확장이 머지않았다'라고 자신했다. 그러나 6개월 뒤, 실구매 고객은 극히 일부였다는 사실이 밝혀졌고 앱은 금세 잊혔다. 초기 반응은 '호기심의 착시'였을 뿐이었다.

② 고객에 대한 오해: 무료 고객은 유료 고객이 아니다

고객은 제품을 무료로 쓰면서 만족할 수 있다. 그러나 지갑을 열 때의 심리는 전혀 다르다. 창업자는 이를 착각한다.

어떤 교육 스타트업은 무료 강의로 고객 1만 명을 모았다. 그러나 유료 구독 서비스로 전환하자 결제 고객이 50명뿐이었다. 고객은 '무료니까' 썼던 것이지 '유료로도 가치 있다'라고 생각하지 않았다.

'관심'과 '지불'은 다른 개념이다. 실제 돈을 낼 고객이 얼마나 될지 초기에 검증해야 한다.

③ 확장 불가능한 구조: 강점을 표준화할 수 없을 때

어떤 사업은 태생적으로 스케일업이 어렵다. 특정 셰프의 손맛이나 한 장인의 기술에 의존하는 모델이 그렇다. 확장은 표준화·시스템화가 이루어질 때만 가능하다.

서울의 한 레스토랑은 미슐랭 별을 받았고 몇 달 치 예약이 꽉 찼다. 그러나 사업 확장은 어려웠다. 이유는 명확했다. '그 셰프의 손맛'이 브랜드의 핵심 가치였기에 다른 지점을 낼 수 없었다. 투자자들이 전국 매장을 제안했지만, 고객은 지점 간 차이를 느끼며 외면했다. 결국 본래 매장은 명소로만 남았고 스케일업은 실패했다.

"이 사업이 내 손을 떠나도 동일한 가치를 줄 수 있는가?"라는 질문에 '예'라고 답하지 못하면 스케일업은 불가능하다.

④ 운영 리스크: 작은 실수가 브랜드를 무너뜨린다

초기에는 고객이 브랜드의 실수를 용서한다. 그러나 스케일업 단계에서 벌어지는 실수는 치명적이다.

한 치킨 브랜드가 반값 프로모션을 진행하자 주문이 3배 폭증했다. 그러나 주방과 배달 인력이 감당하지 못해 음식 누락, 배달 지연이 속출했다. 고객 불만이 소셜 미디어에 퍼지며 평점이 추락했다. 브랜드는 빠르게 확장했지만, 운영 안정성을 갖추지 못해 단숨에 신뢰를 잃었다.

스케일업에는 운영의 안정성이 필수다. 고객 경험이 깨지면 확장은 끝난다는 사실을 잊지 말자.

⑤ 지속 불가능한 비용 구조: 규모가 커지면 적자도 커진다

많은 창업자가 '규모의 경제'를 믿는다. 그러나 규모가 커질수록 오히려 적자가 커지는 사업이 있다. 고객 확보 비용 증가 속도가 매출 성장 속도보다 빠르기 때문이다. 이익 구조가 확장에 따라 개선되는가를 반드시 확인해야 한다.

한 반려동물 서비스 스타트업은 공격적 마케팅으로 빠르게 성장했지만, 광고비와 프로모션 비용이 매출보다 높았다. 점유율은 일시적으로 높아졌으나 충성 고객은 남지 않았다. 결국 투자자들이 등을 돌렸고 회사는 매각을 피하지 못했다.

스케일업에 성공하는 5가지 전략

① 강력한 인센티브 설계

고객은 말로 설득할 수 없다. 행동을 바꾸는 것은 이익 구조다. 단순 할인에서 벗어나 네트워크 효과를 설계해야 한다. 예를 들어 테슬라는 '추천 프로그램'을 통해 고객이 고객을 데려오게 했다.

② 한계적 사고Marginal Thinking

전체 평균이 아니라 '예산의 마지막 1만 원'을 어디에 써야 가장 큰 효과를 내는지 고민해야 한다. 고객 확보 vs. 제품 개선 vs. 브랜드 강화 중 어떤 부문의 투자수익률ROI이 가장 높은가?

③ 빠른 포기를 선택하는 용기

사업은 한 번의 성공으로 완성되지 않는다. 죽은 말에 계속 채찍질하지 마라. 손실을 최소화하고 다음 기회를 위해 자원을 보존하라.

④ 확장 가능한 조직문화

조직문화가 스케일업의 보이지 않는 엔진이다. 창업자 중심의 '교주 문화'는 성장을 막는다. 다양성과 개방성을 확보해야 인재가 모인다.

⑤ 자원의 구조적 배분

스케일업은 돈의 전쟁이다. 내 현금이 어디에 쓰이고 있는가?

고객 유입, 운영 안정, 제품 혁신 중 어디를 우선해야 하는가?

아이디어는 불씨다. 불씨는 모닥불로, 모닥불은 불덩이로 키워야 한다. 그 과정이 스케일업이다. 부의 감각은 여기에 차이난다.

왜 열심히 하는데

수익이 안 나는가?

창업자의 세계는 화려해 보이지만, 그 이면은 무서울 정도로 냉혹하다. 새벽까지 불이 꺼지지 않는 사무실, 포스트잇으로 도배된 벽, 회의실에서 열정적으로 아이디어를 논하는 모습. 겉으로 보면 모든 게 잘될 것 같다. 그러나 그 열정의 끝은 마이너스 잔고다. 왜 이런 일이 벌어질까?

이 질문에 대한 답은 단순한 '실수'가 아니다. 반복되는 실수는 습관이고, 더 냉정하게는 창업자의 실력이다. 창업자는 본능적으로 '나는 열심히 하니까 언젠가 잘될 거야'라고 착각한다. 그러나 돈은 열정이 아니라 구조에서 나온다.

창업자 세계의 다양한 사람들은 두 부류로 나눌 수 있다. 한쪽은 언론에 이름이 오르지 않지만 매년 조용히 돈을 쌓는 사람들이다. 매출은 크지 않아도 이익률이 높고, 5년쯤 지나면 회사에는 현금이 차곡차곡 쌓인다. 어느 순간 본인 명의 건물을 마련한다. 겉으로는 평범하지만 시스템으로 돈을 버는 사람들이다.

반대로, 하루 15시간을 일하며 잠도 제대로 못 자는 창업자가 있다. 회의실에서 아이디어를 쏟아내고, 소셜 미디어에 '오늘도 혁신 중'이라는 글을 올린다. 그런데 회사는 늘 적자다. 오히려 시간이 흐를수록 빚이 늘어난다. 이들의 공통점은 구조 없이 감정으로 움직인다는 점이다.

돈 관리 실패:
버는 속도보다 쓰는 속도가 더 빠르다

수익이 나지 않는 가장 큰 이유는 단연 재무 관리 실패다. 많은 창업자는 곧 투자를 받을 수 있을 거라고, 이번 달을 넘기면 매출이 상승곡선을 그릴 거라고 예측한다. 이런 사고 뒤에는 지출을 합리화하려는 생각이 따라온다. 광고에 돈을 쏟고, 개발자를 추가로 채용하고, 사무실을 확장한다. 그러나 중요한 것은 현금 흐름이다.

매출이 늘어나도 돈이 남지 않는 이유는 간단하다. 들어오는 돈의 속도보다 나가는 돈의 속도가 빠른 경우다.

헬스 케어 앱을 만든 A대표는 '사용자 수만 늘리면 투자자는 알아서 몰려올 것'이라고 믿었다. 그래서 앱 출시 초기부터 월 2,000만 원의 광고비를 집행했다. 정작 실결제 고객은 하루 10명도 되지 않았다. 들어오는 돈은 월 200백만 원 남짓인데,

나가는 돈은 인건비와 광고비로 3,000만 원을 훌쩍 넘겼다. 3개월 후 투자 유치는커녕 은행 대출만 늘어났고, 직원 월급조차 밀리기 시작했다. 결국 "광고비만 줄였어도 1년은 더 버틸 수 있었다"라는 뼈아픈 교훈만 남았다.

초기 스타트업에 CFO(최고재무관리자)가 있다고 상황이 해결되지 않는다. 결정권 대부분은 CEO에게 있다. 투자금을 받아도 CEO가 기획을 남발하고 '이건 꼭 해야 한다'라는 생각으로 프로젝트를 확장하면 현금은 순식간에 바닥난다. 바쁜 CEO일수록 위험하다. 이는 통제 불능을 의미하기도 한다.

제품 개발에 집착:
완벽한 제품이 나오면 고객이 몰릴 거라는 함정

많은 창업자가 빠지는 두 번째 함정은 완벽한 제품을 만들 수 있다는 환상이다. 조금만 더 완벽하게 만들면 고객이 열광할 거라는 생각은 달콤하지만, 현실에서는 독이다. 기능을 하나 추가할 때마다 비용이 늘어나고 완성 일정은 밀린다. 그러다 보면 론칭이 계속 늦어져 마케팅 타이밍을 놓치고 만다.

더 큰 문제는 고객이 원하지 않는 완벽함이다. 시장은 창업자의 자존심을 사주지 않는다. 고객은 '멋진 기능' 대신 '문제를 해결하는 가성비 있는 솔루션'을 원한다. 그러나 많은 창업자가 '이건 내 아이디어니까 반드시 성공해야 해'라는 자만에 빠져 수익화를 미루는 악순환에 빠진다.

에듀테크 기업을 창업한 B대표는 온라인 학습 플랫폼을 개발하면서 'AI 기능을 더 넣으면 학생들이 더 좋아할 거야'라고 생각했다. 음성 인식, 추천 알고리즘, 보상 시스템까지 추가하다 보니 초기 계획보다 개발비가 2배 이상 불어났다.

그러나 정작 시장은 '질문을 하면 선생님이 빨리 답해주는 서비스'만으로도 충분히 만족했다. B대표는 완벽을 추구한 나머지 론칭 시점을 놓쳤고, 같은 시기에 더 단순한 서비스를 내놓은 경쟁사가 시장을 선점했다. '완벽한 제품'은 세상에 나오지도 못한 채 프로젝트는 종료됐다.

악플보다 무서운 것은 '무플'이다. 고객이 반응조차 하지 않는다면 그 제품은 이미 시장에서 죽은 것이다.

창업자 병목화:
"모든 결정은 나만 할 수 있어"

창업자가 모든 의사 결정을 움켜쥐는 순간 회사는 정체된다. CEO가 모든 보고를 받아야만 결론이 나는 조직에서는 그 사인이 늦어지면 프로젝트가 지연된다.

유아용 기기를 개발한 한 대표는 사소한 포장 디자인부터 고객 CS 답변까지 모든 것을 직접 결정해야 직성이 풀렸다. 늘 그의 확인을 기다려야 해서 작은 수정에도 며칠씩 작업이 지연되었다. 한번은 대형 유통사와의 납품 계약 기회를 잡았지만, 대표가 해외 출장 중이라 계약서 검토가 늦어졌다. 결국 계약은 경쟁사에 넘어갔다. 직원들은 "우리가 대표의 비서인지, 전문가인지 모르겠다"라며 사기를 잃었고, 핵심 인력이 하나둘 떠났다.

어떤 경우는 반대다. 창업자가 지나치게 외부 활동에 빠져 내부의 중요한 결정을 놓친다.

더 심각한 경우는 CEO의 말 한마디가 회사의 모든 자원을 움직이는 경우다. 창업자가 즉흥적으로 던진 아이디어가 팀의 '절대 명령'이 된다. 몇 주 뒤, CEO가 또 다른 아이디어를 던지면 조직은 다시 방향을 튼다. 그 사이에 돈과 시간이 소모된다. 결국 회사는 조용히 말라간다. 이 경우 병목은 창업자 자신이다.

회사를 살리는 자기객관화

수익을 내지 못하는 창업자의 습관을 한 문장으로 요약하면 '부의 구조를 설계하지 못하는 개인적 차원의 경영'이다.

- 현금 흐름을 무시하고 감정적으로 지출한다.
- 내 아이디어가 최고라는 착각에 빠진다.
- 모든 결정을 자신이 하려 하거나, 반대로 우유부단해 팀이 우왕좌왕한다.
- 성급한 채용으로 조직이 붕괴된다.
- 작은 실패를 인정하지 못하고 질질 끈다.

- 창업자가 고립되고 네트워크가 단절된다.

정답은 의외로 단순하다. 반대로 하면 된다.

- 현금 흐름을 매일 확인하고 예산 통제 원칙을 만든다.
- 고객 중심으로 의사 결정하고 내 아이디어는 시장에서 검증한다.
- 팀은 작더라도 도전 문화를 유지한다.
- 작은 실패는 빨리 인정하고 학습 기회로 삼는다.
- 외부 네트워크를 적극적으로 활용한다.

자기 착각은 창업에서 정말 위험한 요소다. '열심히 하면 언젠가 잘될 거야'라는 믿음은 희망 고문이다. 돈은 감정이 아니라 구조에서 나온다. 사업이 수익을 내지 못한다면 자신에게 물어야 한다.

"나는 지금 실패하는 습관을 반복하고 있지 않은가?"

만일 그렇다면 지금 당장 습관을 바꿔야 한다. 내일은 바꾸기가 더 힘들다.

12

포지셔닝 전략이
기업의 운명을 좌우한다

사업을 하는 자신에게 던질 근본적인 질문은 이것이다.

"내 회사는 시장에서 어떤 위치에 있는가?"

우리는 태어날 때 자신의 국가, 부모, 고향을 선택할 수 없다. 그러나 내가 창업해 만든 법인, 경영하는 사업의 산업 내 위치는 선택할 수 있다.

같은 시장에서 같은 고객을 대상으로 경쟁하는 두 회사가 극단적으로 다른 성과를 내는 이유는 무엇일까? 정답은 '포지션'에 있다.

오늘날 포지셔닝Positioning이라는 단어의 의미는 훨씬 확장되었다. 이제 포지셔닝은 소비자의 인식 속 위치를 넘어서, 기업이 선택한 전략적 위치 그리고 그 위치가 만들어내는 현금 창출 구조를 의미한다.

포지셔닝 전략은 단순한 마케팅 용어가 아니다. 기업의 운명을 결정짓는 전략이다. 산업에서 어떤 위치를 차지하느냐, 그 위치에서 어떤 우위를 확보하느냐에 따라 기업의 운명이 바뀐다.

토끼와 사자를 예로 들어보자. 토끼는 태어나서 평생 쫓기며 살아야 한다. 아무리 속도를 내고, 아무리 민첩하게 굴어도 사냥당할 위험을 벗어나지 못한다. 반면 사자는 처음에는 외롭고 먹을 것이 부족할 수 있다. 하지만 시간이 흐르면 사냥의 주도권을 쥔다. 언제 먹을지, 언제 쉴지 스스로 결정한다.

'토끼'의 위치에 선 기업

국내 전자 부품 회사 A사는 대기업의 하도급에만 회사 운영을 의존했다. 생산 라인을 효율화하고 품질을 개선했지만, 발주량이 줄자 매출이 곤두박질쳤다. 대기업이 단가 인하를 강요하자 회사는 적자 구조로 전락했다. 아무리 속도를 내도 위험에서 벗어나지 못하는 토끼와 같았다.

'사자'의 위치에 선 기업

반면 산업용 인쇄공학 기업 B사는 해결하기 어려운 상황을 해결하는 것으로 시장에 자리 잡았다. 업계에는 다른 인쇄 기업이 해결하지 못하는 문제도 B사에 가져가면 답이 나온다는 믿음이 생겼다. 덕분에 이 기업은 사자처럼 주도권을 잡고, 가격 결정권을 확보하고 있다.

우리는 태어날 때 사자가 될지 토끼가 될지 선택할 수 없다. 그러나 내가 만든 회사는 내가 디자인할 수 있다. 전략에 따라

내 회사는 사자처럼 시장을 지배할 수도 있고, 토끼처럼 하도급의 위치에서 쫓기며 살 수도 있다. 이 차이를 만드는 핵심 요소가 바로 포지셔닝 전략이다.

여기서 중요한 것은 현금이다. 기업의 목적은 현금 창출이다. 현금이 없으면 기업은 존재할 수 없다. 기업은 현금을 창출하기 위해 존재하며, 주주는 현금을 만들어내는 기업을 공동으로 소유하기 위해 투자한다.

기업의 목적을 명확히 정의하면 전략의 본질이 간단해진다. 전략은 현금을 지속적으로 창출하는 방법을 선택하는 것이다. 그리고 이를 바탕으로 포지셔닝 전략도 명쾌히 설명할 수 있다. 바로 현금 창출이 가장 잘되는 위치를 선택하는 것이다.

총검술의 교훈:
위치가 생존을 결정한다

훈련소에서 총검술을 배우던 시절, 조교가 한마디를 했다. "총검술에서 제일 중요한 건 동작이 아닙니다. 총검술을 해야 하는 상황에서는 위치가 제일 중요합니다. 산을 등지고, 상대보다 10센티미터라도 높은 곳에서 싸워야 이깁니다."

이유는 명확하다. 총검술은 총알이 떨어졌을 때에 사용한다. 게다가 장소는 평지가 아닌 험준한 산이다. 이때 전투의 승패는 화려한 기술이 아니라 위치가 결정한다. 조금이라도 높은 곳을 차지한 쪽이 싸움의 주도권을 쥔다.

기업도 마찬가지다. 마케팅, 영업, 인사, 생산 등 수많은 경영 기법이 있다. 그러나 가장 먼저 해야 하는 질문은 "나는 지금 어느 자리에 있는가?"다. 잘못된 위치에서는 아무리 효율을 높여도, 아무리 열심히 싸워도 결국 패배한다.

유행을 따라가는 창업이 잘되지 않는 이유도 이와 같다. 초기에는 손님이 몰리지만, 비슷한 매장이 동네마다 들어서고 매출이 급락한다. 그러다 가격경쟁에 휘말리면 끝이 다가온다. 원가 부담을 견딜 수 없는 상황이 오고, 대체로 폐업을 결정하게 된다. 위치 선택이 잘못되면 아무리 열심히 싸워도 패배는 당연한 수순이다.

교과서 vs. 부의 감각

전통적인 전략 교과서는 포지셔닝을 이렇게 정의한다.

- 시장 세분화 후 표적 시장 선정: 작고 명확한 시장에 집중
- 원가 우위 · 차별화 · 집중화: 마이클 포터의 3대 경쟁 전략
- 브랜드 카테고리 리더십 확보: 알 리스와 잭 트라우트가 주장한 포지셔닝 이론

이러한 접근은 여전히 유효하다. 그러나 나는 더 근본적인 질문을 던진다. "어떤 위치에 있어야 현금을 지속적으로 창출할 수 있는가?"

교과서는 고객의 인식을 강조한다. 하지만 나는 현금 창출 구조를 강조한다. 포지셔닝 전략은 현금 창출 모델을 설계하는 전략이다.

잘못된 포지셔닝의 대가

여기 2가지 시나리오가 있다. 대기업 하청에 의존하는 회사나 원가절감 압박에 시달리는 OEM 업체는 포지셔닝에서 이미 '을'이다. 아무리 생산 효율을 높이고 품질을 개선해도 기업은 고객사 한마디에 흔들린다. 이는 토끼의 삶이다. 낮은 위치에서 소모전을 치르는 것이다.

반면 특정 기술에서 독점적 역량을 확보하거나, 브랜드 파워로 가격 결정권을 쥔 기업은 '갑 같은 을'의 경로를 간다. 이 기업은 거래 조건을 스스로 정한다. 경쟁이 아닌 선택의 게임을 한다. 사자의 위치 즉, 높은 위치에서 주도권을 잡고 있다.

이 차이는 경영 기법의 차이를 넘어선다. 기업의 위치가 전략을 결정하고, 전략이 운명을 결정한다.

포지셔닝 전략을 설계하는 3가지 핵심 질문

① 내가 택하려는 위치는 '현금이 모이는 자리'인가?

고객이 돈을 지불하는 이유가 분명한가? 이 위치는 경쟁사보다 높은 마진을 보장하는가?

② 경쟁이 덜한가?

레드오션에서 소모전을 벌이는가, 아니면 나만의 블루오션을 창출했는가?

③ 브랜드가 이 위치를 점유했음을 고객이 직관적으로 느끼는가?

고객 머릿속에 '이 분야는 A기업'이라는 등식이 있는가?

스타트업 창업자는 반드시 이 질문을 자신에게 던지고 답해야 한다. 반려동물용 유산균을 개발하려 한 스타트업 창업자는 이러한 질문을 한 뒤 '수의사가 처방해야 살 수 있는 고급 제품'으로 사업 범위를 좁혀 재설계했다. 덕분에 반려동물 보호자가 기꺼이 지갑을 여는 구조가 생겨났고, 전국의 동물병원을 기반으로 한 유통망에서 안정적으로 성장하고 있다.

포지셔닝 전략은 창업자가 누릴 자유도의 문제다. 창업자가 원할 때 공격하고, 필요할 때 쉬며, 경쟁에서 벗어나 독자적인 속도로 성장할 수 있는 자유. 이 자유를 누릴 수 있는 자리가 곧 사자의 위치이며, 그 자리를 차지하는 것이 포지셔닝 전략의 본질이다.

13

전략을 택하는 순간
현금 흐름이 결정된다

태어나는 순간 운명이 결정된다고 생각하면 불편한 감정이 든다. 기업의 전략을 선택할 때는 이 생각을 더 민감하게 해야 한다.

많은 전략 전문가가 최신 기법과 화려한 이론을 제시하지만, 본질을 깊이 들여다보면 결론은 명확하다. 회사가 어떤 전략을 택하는 순간에 부자가 되느냐 아니면 위기에 빠지느냐가 사실상 결정된다.

마이클 포터는 기업의 전략을 크게 3가지로 정리했다. 원가우위Cost Leadership, 차별화Differentiation, 집중화Focus다. 각각의 전략에 따라오는 현금 흐름의 특성을 미리 이해하면 창업자의 성공에 큰 도움이 된다. 특히 전략에 따라 기업의 자원 배분, 투자 우선순위, 고객 관계는 물론 조직문화까지 영향을 받는다.

전략의 특징을 알면 앞을 미리 내다보고 선택할 수 있다. 전략의 특징을 모르면, CEO가 늘 쫓기며 반응해야 한다.

① 원가 우위

원가 우위 전략은 업계에서 가장 낮은 가격을 제시하는 것이다. 이때 기업은 그 전략을 실행할 역량을 반드시 갖추고 있어야 한다. 따라서 '가격을 낮춘다'라는 전략은 생각보다 훨씬 더 복잡하다.

예를 들어 건물주가 카페를 운영한다면, 월세 부담이 없으므로 자연스럽게 원가 경쟁력이 생긴다. 더 나아가 건물주가 직접 커피를 제조하고 서빙까지 한다면 원가는 더욱 낮아진다. 그러나 대부분의 카페 신규 창업자는 건물이 없다. 상대방을 어설프게 따라 하다가는 더 빨리 망한다. 규모의 경제를 확보하기 전까지는 다른 방식으로 생존해야 한다.

다이소는 원가 우위 전략의 교과서적 사례다. 그들의 경영 철학은 창업자 자서전 제목이 말해주듯 '천 원을 경영하라'다. 작은 단위까지 효율을 극대화해야만 생존할 수 있는 만큼 이 전략의 성공은 거대한 판매량을 전제로 한다.

필요 요소	초기의 대규모 자본, 운영 효율성, 강력한 공급망
현금 흐름 특징	낮은 마진, 높은 회전율이 전제, 강력한 자금 관리 필요
리스크	가격경쟁 심화, 기술 변화에 대한 민감성, 품질 저하 위험

② 차별화

차별화 전략은 프리미엄 기능을 제공하거나 브랜드의 이미지를 구축해 고객이 기꺼이 더 많은 돈을 지불하도록 만드는 전략이다. 대표적 사례는 애플이다. 제품을 넘어 경험과 브랜드 세계관을 산다고 느끼는 고객은 비싼 가격에도 아이폰을 구매한다. 브랜드를 강력하게 차별화한 기업은 높은 마진을 바탕으로 안정적 현금 흐름을 창출한다.

하지만 이 길은 절대 쉽지 않다. 차별화는 곧 투자의 연속이다. 디자인, 연구개발, 브랜딩, 마케팅 등에서 특별함을 계속 유지해야 한다. 애플의 브랜드 충성도는 하루아침에 만들어지지 않았다.

게다가 시간이 지나면 반드시 경쟁자가 모방하기 시작한다. 그리고 고객의 요구는 끊임없이 변한다. 차별화 전략은 혁신과 도전을 멈추는 순간 프리미엄을 잃고 가격경쟁의 늪으로 떨어진다.

필요 요소	브랜드 파워, 고객 충성도, 지속적 혁신
현금 흐름 특징	높은 마진, 반복 구매, 서비스 기반의 안정적 수익
리스크	과도한 투자, 트렌드 변화, 경쟁자 모방 압력

③ 집중화

집중화 전략은 특정 시장, 특정 고객층에 집중하는 방식이다. 한국의 원포유라는 특수 통신 기업이 대표적이다. 원포유는 전국의 교정 시설, 정신병원, 군 시설 등에 특화된 통신 서비스를 제공한다. 매출 규모는 작지만, 매년 30% 가까운 영업이익을 창출한다. 무엇보다 보안의 중요성이 높아 다른 기업이 쉽게 진입하지 못한다.

하지만 이 전략은 시장 축소라는 리스크에 민감하다. 특히 럭셔리 분야가 그렇다. 고급 스포츠카에 대한 수요가 줄면 페라리는 곧바로 타격을 입는다. 파인 다이닝도 마찬가지다. 화려해 보이지만 마진은 의외로 낮다. 그래서 이들은 서브 브랜드를 만들거나 배달 상품으로 확장하는 방식으로 리스크를 완화한다.

필요 요소	틈새시장 지배력, 전문성, 고객 신뢰
현금 흐름 특징	고마진 가능하지만 매출 규모 성장에 제한 가능성 큼
리스크	시장이 갑자기 축소되거나 사라짐, 파격적인 신기술 등장

전략과 현금 흐름, 선순환의 비밀

전략을 선택하는 순간부터 현금 흐름의 형태가 결정되는 동시에 위험도 결정된다. 이 위험을 관리하지 못하면 악순환에 빠진다: 시장 변화 대응 실패 → 고객 이탈 → 현금 흐름 악화 → 재투자 축소 → 경쟁력 약화 → 몰락 구조다.

반대로, 위험을 선제적으로 관리한 기업은 선순환을 만든다: 명확한 포지셔닝 → 포지셔닝에 따른 현금 흐름 예측 → 현금 흐름 안정적 관리 → 재투자 가능 → 브랜드 강화 → 시장 지배력 강화 구조다.

부의 감각이 높은 기업은 전략을 취할 때 그에 따른 현금 창출 구조를 이미 알고 선택한다. 이 현금 흐름 구조가 기업의 운명을 좌우한다. 따라서 전략을 논할 때는 매출 그래프보다 현금 흐름의 질과 지속성을 살펴야 한다.

현금이 끊기면 전략도 미래도 없다. 기업의 성공 여부는 단순히 좋은 제품을 만들고 많은 매출을 올리는 데 달려 있지 않다. 전략을 선택한 순간부터, 그 전략이 만들어낼 현금 흐름의 구조를 이해하고 관리할 수 있는지가 승부를 가른다. 이 사실을 명확히 이해하는 기업만이 위기를 넘어 지속적인 성장을 이어갈 수 있다.

부를
키우는
법

2

1

기업의 생애를 읽으면

부를 지킬 수 있다

기업은 살아 있는 생명체와 같다. 사람에게 출생—성장—성숙—노화—죽음의 과정이 있듯 기업도 창업에서 출발해 성장과 성숙을 지나 쇠퇴와 소멸로 이어지는 흐름을 거친다.

핵심은 이 과정이 예측 가능한 반복되는 리듬이라는 점이다. CEO가 이 주기를 이해하고 준비하면 기업을 더 건강하게 이끌 수 있다. 반대로 기업의 생애를 읽지 못하면 큰 낭패를 보게 된다.

많은 창업자가 자신이 만든 제품이나 서비스가 시장에서 주목받기 시작하면, 그 흐름이 영원히 이어질 것이라 믿는다. 정확히 말하면, 그렇게 믿고 싶어 한다. 그러나 현실은 냉정하다.

한때 주식시장에서 NC소프트는 황제주였다. 지금도 그럴까? 안타깝게도 최근 PC 카페에서 NC소프트의 게임을 하는 이용자를 찾기가 쉽지 않다.

부의 감각

기업 생애 주기의 법칙을 모르는 사업가는 영원히 봄날이 계속될 것처럼 착각하다가 갑작스럽게 추락을 경험한다. 따라서 이 흐름을 미리 이해하고 각 단계에 필요한 것을 준비해야 한다.

산업 현장에서 만난 기업의 CEO들은 자신의 운명을 제대로 읽어내지 못하는 경우가 매우 많다. 운명이라는 단어를 쓰는 것이 조심스럽지만, 산업 현장에서는 기업의 운명이 CEO와 가족에게 매우 큰 영향을 미친다. 기업이 성장하면 그들은 여러 면에서 행복하게 지낼 수 있다. 반면 기업이 몰락하면 모두가 큰 수렁에 빠진다.

따라서 기업 CEO가 자신의 기업에 닥칠 운명을 제대로 읽어내지 못한다면, 자신에게 닥칠 운명도 읽어내지 못하는 것이라고 말할 수 있다.

그렇다면 기업의 생애 주기는 어떻게 읽을 수 있을까? 그것은 세상에서 변화가 일어나는 패턴과 연계된다.

변화의 보편적 패턴

세상에서 일어나는 변화는 일정한 패턴을 따른다. 처음에는 작은 변화가 서서히 일어난다. 이후에는 돌이킬 수 없을 정도로 급격하게 확산된다. 그러나 시간이 지나면 안정된 새로운 질서로 정착한다.

물이 끓는 상황을 보자. 어느 지점까지는 조용히 온도가 오

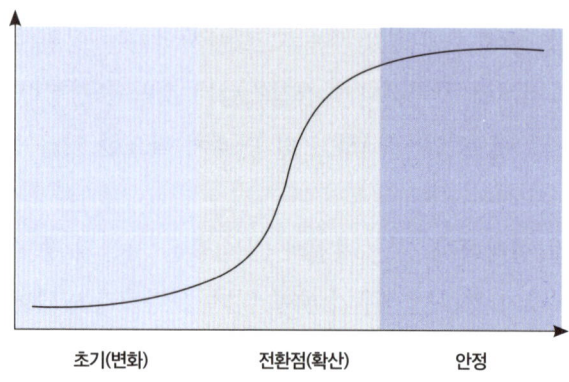

초기(변화)   전환점(확산)   안정

르다가 특정 순간에 거품이 폭발적으로 일어난다. 전염병이 퍼
질 때도 마찬가지다. 초기에는 몇몇 감염자가 발생하는 데 불과
하지만, 어느 순간 폭발적으로 확산한다.

　기업도 이 리듬을 벗어날 수 없다. 초기에는 아무도 주목하
지 않던 작은 회사가 갑자기 주목받으며 성장하고, 어느 순간
성숙기에 접어들며 성장 속도가 둔화된다. 마지막에는 쇠퇴와
소멸을 맞게 된다.

　헤밍웨이는 소설《태양은 다시 떠오른다》에서 주인공이 파
산하는 과정을 이렇게 묘사했다. '처음에는 서서히, 그러다가
갑자기.'

　기업의 몰락도 마찬가지다.

기업 생애 주기 7단계

① 창업

창업 초기의 목표는 단 하나, 생존이다. 불확실성 속에서 살아남는 것이 유일한 과제다. 시장에서 팔리는 제품의 결을 찾는 것이 핵심이다. PMF를 체크해 제품이 시장의 수요와 정확히 맞아떨어지는 순간을 찾아야 한다.

해결만 된다면 고객이 기꺼이 돈을 낼 문제를 찾아내 솔루션을 제시해야 한다. 팀은 작을수록 좋다. 자금이 부족한 상황에서 큰 조직을 꾸리면 위험하다.

이 단계에서 CEO는 겸손과 인내를 잊지 말아야 한다. 시장은 냉정하니, 자신의 아이디어가 반드시 통할 것이라는 자만은 독이 된다. 예산을 아끼고 고객 피드백을 집요하게 수집하며 작은 성공을 쌓아야 한다.

② 부의 신호 포착

매출이 발생하기 시작한다고 해서 곧바로 안심할 수는 없다. 이 매출이 반복 가능한 구조인지 확인하는 것이 중요하다.

일회성 고객만 몰려드는 것이 아니라, 꾸준히 재구매가 일어나는가? 고객이 주변 지인에게 스스로 추천하는가? LTV가 CAC의 최소 3배 이상인가?

이 조건이 충족되지 않는다면 매출이 있어도 곧바로 무너질 수 있다. 이 시기에 CEO는 매출 자체보다 매출의 질quality에 집중해야 한다.

③ 매출 고속 성장

제품이 시장에서 인정받고, 고객이 반복적으로 구매하기 시작하면 기업은 폭발적으로 성장한다. 이 시기에는 대담한 투자가 필요하다. 과감한 마케팅을 통해 브랜드 인지도를 확고히 하고 '시장의 대표 주자'라는 이미지를 심어야 한다. 그렇게 시장점유율을 높이는 것이 유리하다.

CEO가 이 단계에서 두려움 때문에 투자를 주저하면, 애써 찾아온 부의 기회를 경쟁자에 빼앗기게 된다. 단, 과도한 확장은 정체기가 찾아왔을 때 큰 타격을 줄 수 있으므로 성장 속도와 리스크 관리의 균형을 찾아야 한다. 보통 이 단계에서는 기업이 사무실을 자주 이전한다. 확장을 위한 이사다.

④ 경쟁 격화

성공은 곧 경쟁자를 불러들인다. 돈 냄새를 맡은 기업이 우후죽순 등장한다. 이 시기를 어떻게 버티느냐가 기업의 운명을 결정한다.

경쟁에서 스스로를 지키려면 경제적 해자Economic Moat를 높이 구축해야 한다. 특허, 브랜드 파워, 네트워크 효과, 고객 충성도 등이 방어막이 될 수 있다. 경쟁이 시작된 후에 경제적 해자를 구축하려고 하면 너무 늦다. 그전부터 사업가는 이를 계획하고 있어야 한다.

경쟁자가 모두 나쁜 것은 아니다. 어떤 경쟁자는 시장을 함께 키우는 동반자 역할을 하기도 한다. 중요한 것은 차별화다. 가격경쟁에 빠지지 않고, 독자적 강점을 만들어내야 한다.

부의 감각

⑤ 경쟁자 도태 및 시장 정리

경쟁이 심화하면 기대 수익률이 감소하고, 경쟁의 불꽃이 약해지면 일부 기업은 사라진다.

이 시기에 경쟁에서 살아남은 소수의 강자는 확장 전략을 통해 더욱 격차를 크게 벌린다. 일부 기업은 주식시장에 상장해 자금력을 확대하고 외연을 넓힌다. 그러면 산업 내 순위가 확정되고 상위 기업과 하위 기업의 성적표가 극명하게 갈린다.

⑥ 시장 성숙

성숙한 시장에서는 고속 성장하기 어렵다. 이제는 효율과 유지가 관건이다. 고객 충성도를 강화하기 위해 로열티·멤버십 프로그램을 활발히 도입한다. 살아남은 기업들은 비용 구조를 최적화해 최대한 이익을 확보하는 동시에 신사업을 탐색해 새로운 성장의 불씨를 찾아야 한다.

⑦ 시장 쇠퇴·소멸

모든 시장은 결국 쇠퇴한다. 이 시기에는 냉정한 판단이 필요하다. 틈새시장이 있다면 집중하고, 기업 내부에 축적된 핵심 역량이 있다면 사업 전환을 시도해야 한다. 만약 사업 전환이 불가능하다면 엑시트exit 전략을 통해 신속히 매각하거나 철수해야 한다.

이때 CEO는 매몰 비용에 집착하지 말아야 한다. 과거의 영광이나 명예를 지키려다 기회를 잃으면, 기업은 돌이킬 수 없는 파국을 맞는다. 오히려 빠른 결단이 다음 기회를 잡는 데 유리하다.

생애 주기별 경영자의 심리 전략 4가지

기업의 성장 원리를 알면 각 단계에서 어떠한 마음가짐이 유리한지 이해하고 준비할 수 있다.

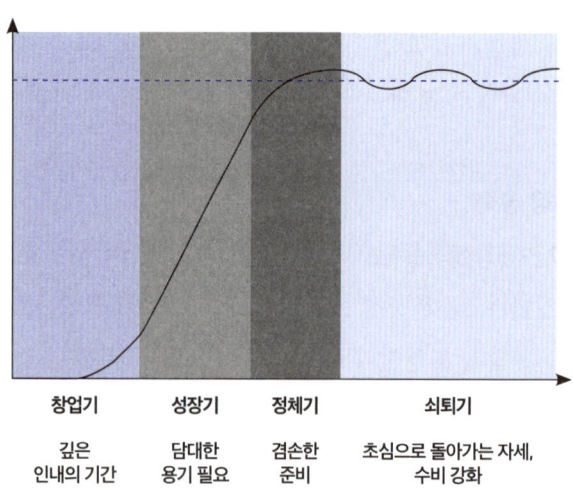

창업기	성장기	정체기	쇠퇴기
깊은 인내의 기간	담대한 용기 필요	겸손한 준비	초심으로 돌아가는 자세, 수비 강화

부의 리듬을 읽어내는 감각

사람이 노화와 죽음을 피할 수 없듯, 기업의 생애 주기 또한 피할 수 없는 흐름이다. 출생에서 시작해 성장과 성숙을 거쳐 쇠퇴와 소멸로 이어지는 과정은 형태는 다르지만 본질적으로 같은 리듬을 따른다. 문제는 이 리듬을 얼마나 일찍, 정확히 읽어내느냐에 달려 있다.

CEO가 각 단계에서 어떻게 행동해야 하는지 모르면 성장기에 과감한 투자를 하지 못하고, 정체기인데도 여전히 확장을 꿈꾸며, 쇠퇴기에 접어들어서조차 매몰 비용에 발목이 잡힌다. 이런 경우 기업은 쇠퇴하는 것이 아니라 추락한다.

반대로 CEO가 주기의 흐름을 읽고 겸손, 용기, 수비, 결단의 리듬을 맞춘다면 기업은 단순히 한 번의 사이클을 살고 죽는 존재가 아니라, 더 높은 출발점에서 다시 새롭게 시작할 수 있는 생명체가 된다.

기업 생애 주기 이해는 경영 이론이 아니라 부의 리듬을 읽는 것이다. 현명한 사업가는 생애 주기의 파도를 두려워하지 않고, 오히려 그 흐름을 타고 더 멀리 나아갈 수 있다. 이것이야말로 기업가가 자신의 기업을 지키고, 가족을 지키며, 평생의 부를 축적하는 가장 현실적이고 전략적인 길이다.

☑ CEO 체크리스트

질 문	그렇다	아니다
우리는 고객의 반복 구매율을 명확히 측정하고 있는가?		
LTV가 CAC의 최소 3배를 넘는가?		
경쟁이 격화되기 전에 경제적 해자(특허·브랜드·네트워크)를 준비했는가?		
정체기에 들어섰을 때 비용 최적화 계획을 마련했는가?		
쇠퇴기에는 매몰 비용에 얽매이지 않고 엑시트할 용기가 있는가?		

2

돈의 향기는

경쟁자를 부른다

사업은 초과 수익을 향한 경쟁이다. 어느 시장에서든 평균 이상의 이익이 감지되면 낌새를 알아차린 이들이 몰려든다. 이것이 돈의 향기다.

돈의 향기는 미끼이자 경보다. 제대로 다루면 성장의 연료가 되지만 내버려두면 출혈 경쟁으로 번진다. 이번 장에서는 돈의 향기가 경쟁을 부르는 양상과 이익이 감소하는 이유를 알아보자. 또한, 경쟁에서 이기는 방법과 심리를 살펴보자.

경쟁자의 진입 동기

경쟁자의 진입 동기는 3가지로 요약된다. ①지금 들어가면 남들보다 더 벌 수 있겠다는 생각, ②들어가서 제대로 자리 잡으면 오랫동안 부를 창출할 수 있겠다는 생각, ③고객이 진정 원하는 것을 제대로 파는 곳이 아직 없다는 생각.

핵심은 경쟁자가 예상한 수익이, 실질 초과 수익이 아니라 주관적으로 추측한 수익이라는 점이다. 경쟁자들은 객관적인 분석을 넘어 희망을 품고 들어온다. 따라서 기존 사업자는 진입하는 경쟁자의 심리까지 살펴 관리해야 한다.

경쟁에 뛰어드는 심리와 그들의 무기

새로운 경쟁자가 시장에 뛰어들 때 그들의 마음속에는 공통된 계산이 있다. 기존의 판을 깨고 자리 잡을 수 있는 무기가 있는가, 그 무기가 충분히 강력한가. 시장에는 많은 플레이어가 있기에 신규 진입자는 늘 자신만의 차별성을 만들려고 한다. 이때 등장하는 무기는 크게 4가지로 정리된다.

① 더 싸게 판다
원가 우위를 무기로 삼는 방식이다. 이는 표준화된 공정, 대량 생산, 셀프서비스 같은 방식을 통해 비용을 최소화하는 구조에서 나온다.

커피 전문점 시장을 예로 들면, 셀프서비스 형태로 매장을 운영해 인건비를 줄이고 테이크아웃에 집중해 임대료를 낮춘 브랜드들이 이런 원가 우위 전략을 활용한다.

'똑같은 품질인데 더 싸다'라는 메시지는 진입자가 갖출 수 있는 강력한 무기다. 그러나 이 무기를 실제로 사용하려면 규모의 경제, 독점적 공급망, 자동화된 운영 시스템 같은 구조적 기반이 필요하다. 단순히 가격만 낮추면 오히려 자신을 소모시키는 결과로 끝날 수 있다.

② 더 좋게 판다

차별화를 통해 시장에 들어오는 방식이다. 여기서 '좋다'는 품질만을 의미하지 않는다. 더 아름다운 디자인, 더 신뢰할 수 있는 서비스, 더 빠른 처리 속도, 더 즐거운 경험 등이 모두 차별화 요소다.

SaaS(서비스형 소프트웨어) 기업의 경우 경쟁자가 넘쳐나는 시장에서도 보안, 데이터 보호, 법규(컴플라이언스) 준수 같은 요소를 강조해 차별화를 꾀한다.

기존 서비스에서 경험하지 못한 차원의 서비스를 제공한다면 고객은 가격이 비싸더라도 선택하곤 한다. 진입자는 바로 이 가능성을 보고 들어오는 것이다.

③ 더 좁게 판다

집중화 전략이라고 불리는 방식으로 시장 전체보다 특정 세그먼트에 집중한다. 예를 들어 치킨 프랜차이즈 시장에서 '10대 학생들을 겨냥한 저가형 매장'이나 '고급 치즈 치킨만 판매하는 특화 매장' 같은 접근이다. SaaS 산업에서는 병원, 학원, 물류 회사 등 특정 업종에 특화된 기능을 제공하는 스타트업이 이 범주에 속한다.

틈새에 대한 날카로운 통찰만 있다면, 시장 전체가 과열되어 있어도 들어올 자리가 있다고 믿는 것이다.

④ 다르게 판다

업계의 당연함을 깨뜨리고 역발상으로 승부하는 방식이다.

예를 들어 고깃집이 테이블 숯불을 써야 한다는 고정관념을 버리고, 셰프가 직접 구워주는 프리미엄 오마카세 형태로 전환하면 완전히 다른 시장 경험이 생겨난다. 또는 SaaS 기업이 기본적으로 제공하던 복잡한 기능을 과감히 제거하고, 핵심 2~3가지만 남겨 초심자에게 최적화된 단순한 서비스를 제공하는 것도 역발상 전략이다.

신규 진입자는 기존 시장 플레이어들이 '없어서는 안 된다'라고 여겼던 요소를 과감히 제거하거나, 반대로 누구도 강화하지 않았던 요소를 강화하여 차별적 가치를 만든다.

이처럼 신규 진입자는 싸게, 좋게, 좁게, 다르게라는 4가지 길 중 하나를 택한다. 때로는 이들을 조합해 더욱 독특한 전략을 구사하기도 한다. 가격을 낮추되 특정 세그먼트에만 집중하거나, 품질을 높이면서 업계의 당연함을 깨는 방식 등이다.

기존 사업자는 이러한 심리를 간과해서는 안 된다. 자신이 속한 시장에 어떤 유형으로 도전해올 수 있는지, 그 도전에 어떻게 방어할지를 늘 시뮬레이션해야 한다. 사업의 성패는 새로운 진입자가 던지는 한 수에 얼마나 빠르고 효과적으로 대응하느냐에 달려 있다.

원가 우위·차별화·집중화 전략

기업이 시장에서 살아남고 성장하려면 반드시 하나의 길을 명확히 선택해야 한다. 그 길은 크게 3가지로 원가 우위, 차별화, 집중이다.

문제는 이 3가지 가운데 어느 것도 확실히 잡지 못하고, 중간에서 절충을 시도하다가 무너지는 경우가 너무 많다는 점이다.

소비자는 이유 없는 선택을 하지 않는다. '이 브랜드를 선택할 명분'이 분명해야 한다. 따라서 기업은 자신의 전략을 끝까지 밀어붙여야 한다.

① 원가 우위 전략: 진짜 싸야 한다

원가 우위를 선택했다면 '싸다'라는 말이 단순한 마케팅 문구가 아니라 구조적 진실이어야 한다. 그 구조는 몇 가지 질문으로 확인할 수 있다.

첫째, 생산이나 서비스 과정을 표준화와 모듈화로 단순하게 만들 수 있는가.

둘째, 설비 회전율을 높여 같은 공간, 같은 시간에 더 많은 양을 처리할 수 있는가.

셋째, 수요가 변동되더라도 단위당 고정비를 흡수할 수 있는 충분한 볼륨을 확보했는가.

넷째, 공급망이나 유통에서 우위를 차지해 계속 낮은 비용을 유지할 수 있는가.

이 질문에 모두 '예'라고 답할 수 없다면, 원가 우위 전략은 위험하다. 단순히 판매가를 낮추는 것만으로는 '싼 구조'를 만들 수 없다.

진정한 원가 우위는 생산 효율, 공급망 협상력, 자동화, 회전율 등 구조적 요인에서 비롯된다. 원가 우위를 진짜로 실현하는 기업은 비용 구조가 다르다. 대량 구매를 통한 공급망 협상력, 자동화를 통한 인건비 절감, 빠른 회전을 통한 고정비 분산 조건이 갖춰져야 한다.

그저 이익을 포기하며 '우리도 싸게 팔겠다'며 뛰어드는 기업은 오래 버틸 수 없다.

② 차별화 전략: 독보적인 이유가 있어야 한다

차별화를 선택했다면 고객이 '이 브랜드는 특별하다'라고 체감할 수 있는 근거가 필요하다. 차별화의 본질은 가격이 아니라 경험이다. 여기에는 3가지 관점이 있다.

첫째, 고객의 시간, 불확실성, 정서 가운데 최소 하나를 절반 이하로 줄일 수 있는가. 예를 들어 택배 회사가 배송 시간을 절반으로 줄인다면, 소비자는 기꺼이 더 비싼 가격을 지불할 것이다.

둘째, 모방할 수 없거나 매우 어려운 자산을 가지고 있는가. 강력한 브랜드 스토리와 커뮤니티, 독점적 데이터, 독창적인 디자인, 혹은 특허 같은 지식재산이 여기에 포함된다.

셋째, 프리미엄 가격을 정당화할 명확한 기준이 있는가. '고급스럽다'라는 인상만으로는 부족하다. 왜 이 제품이 비싼지, 소비자가 납득할 수 있는 논리적 근거가 있어야 한다.

차별화는 화려한 포장이나 인테리어로 만들어지지 않는다. 고객이 실제로 느끼는 가치가 있어야 한다. 차별화에 실패하는 기업은 대부분 '비싸기만 하고 특별하지 않다'라는 평가를 받으며 무너진다.

③ 집중화 전략: 좁지만 뚜렷해야 한다

집중화 전략은 넓은 시장을 모두 상대하지 않고, 특정 세그먼트에 자원을 집중하는 방식이다. 이 전략의 핵심은 2가지다.

첫째, 해당 세그먼트의 크기와 성장성이 충분한지 냉정히 따져야 한다. 아무리 충성도가 높은 고객군이라도 규모가 너무 작거나 성장성이 없다면 사업 지속이 어렵다.

둘째, 대기업의 무관심 지대여야 한다. 큰 플레이어들이 굳이 들어오지 않을 만큼 작지만, 작은 기업이 살아남기에는 충분한 영역이어야 한다.

집중화 전략은 잘하면 충성도 높은 고객층을 확보해 안정적인 수익을 만들 수 있다. 그러나 잘못하면 너무 작은 시장에 갇히거나, 조금이라도 성장성이 보이는 순간 대기업이 진입해버려 순식간에 빼앗길 위험이 있다. 따라서 집중화 전략을 쓰려면 시장의 크기와 성장성을 끊임없이 점검하면서, 동시에 경쟁자가 쉽게 모방할 수 없는 장치를 마련해야 한다.

모호한 포지셔닝의 몰락

3가지 전략을 정리하면 답은 분명하다. 원가를 택했다면 누구보다 싸야 한다. 차별화를 택했다면 누구도 넘볼 수 없을 만큼 독보적이어야 한다. 틈새를 택했다면 누구보다 뚜렷하고 날카로워야 한다. 어중간하게 싸지도 않고, 특별하지도 않으며, 틈새도 불분명하다면 반드시 망한다.

많은 기업이 실패하는 이유는 전략이 없어서가 아니라 모호하기 때문이다. 절충안은 매력적으로 보이지만, 소비자의 선택을 받지 못한다.

고객은 분명한 이유가 있어야 지갑을 연다. 따라서 경영자는 "우리의 포지셔닝은 무엇인가, 그것은 충분히 극단적인가"라는 질문을 자신에게 던져야 한다. 극단의 선택만이 전략을 완성한다.

'돈의 향기'는 시장의 평균 이상 이익이 뿜어내는 신호이며, 그 순간부터 경쟁은 '심리 → 난입 → 이익 압박'의 순서로 전개된다. 신규 진입자는 싸게·좋게·좁게·다르게 중 하나(또는 그 조합)로 시장에 진입하고, 기존 기업은 차별성·원가 효율·시장 대응 속도·고객 충성도를 기반으로 방어해야 한다.

생존의 핵심은 2가지다. 첫째, 어중간함을 버리고 극단을 택하는 포지셔닝(원가 우위·차별화·집중 중 하나를 끝까지). 둘째, 규칙을 먼저 정한 쪽이다. 무엇을 싸게/비싸게/안 팔지, 언제 확장·철수할지, 어느 지표에서 자동 실행할지를 미리 정해둔 기업이 살아남을 확률이 높다.

☑ CEO 체크리스트

질 문	그렇다	아니다
우리 회사의 전략 포지셔닝을 원가 우위·차별화·집중 중 하나로 선택했는가?		
그 포지셔닝을 흐리는 어중간한 절충은 과감히 버렸는가?		
무엇을 싸게/비싸게/안 팔지에 대한 명확한 원칙을 설정했는가?		
확장·철수의 기준(예: 매출·이익·시장점유율 임계치)을 사전에 정의했는가?		
시장 지표가 변할 때 자동으로 실행되는 트리거 액션이 마련되어 있는가?		

부의 감각

3

이기는 법도
배워야 한다

경쟁의 시대다. 특히 한국의 교육 시스템은 '경쟁 상황을 견디는 법'을 가혹하게 가르친다. 그러나 정작 '이기는 법'에 대한 교육은 매우 부족하다.

전략을 가르치는 경영대학원도 마찬가지다. 정돈된 지식의 체계를 배우는 것과 이기는 감각을 익히는 것은 다른 문제다. 시험을 통과하는 감각이 이기는 감각을 의미하지는 않는다.

많은 기업인이 열심히 하고 최선을 다한다. 그러나 실제로 '이기는 감각을 가진 기업'은 많지 않다. 시장에서는 이겨본 사람이 이길 줄 안다. 한번 이겨본 사람은 그 감각을 기억하고, 다시 승리할 수 있는 구조를 만든다.

대표적인 사례가 바로 세계적인 복서 플로이드 메이웨더 선수다. 그는 최고의 복싱 기술자인 동시에 '이기는 전략가'였다.

메이웨더의 기본 전략은 주특기인 '숄더 롤'이다. 상대의 공격을 어깨로 흘리고 반 박자 빠른 반격으로 상대를 제압하는 기술이다. 그러나 그는 자신의 주특기만 고집하지 않았다.

복싱의 또 다른 세계적인 강자 파퀴아오와의 경기에서는 전혀 다른 전략을 꺼냈다. 팬들이 기대하던 숄더 롤 대신, 양손을 머리 위로 올리는 하이 가드를 고수하며 수비 위주로 경기를 운영했다. 상대는 당황했고, 메이웨더는 이겼다.

그는 상대의 전략을 예측하고, 그 예측 자체를 무너뜨리는 방식으로 승리했다. 이것이 바로 이기는 전략의 본질이다.

종합 격투기 선수 맥그리거와의 대결에서도 이러한 전략이 드러났다. 종합 격투기 선수들은 3라운드 경기에 익숙하다. 종합 격투기 경기가 3라운드로 진행되기 때문이다. 메이웨더는 단기전에 강한 맥그리거를 10라운드까지 장기전으로 끌고 가며 체력을 소진시켰다. 그리고 이번에도 이겼다.

일본의 또 다른 종합 격투기 선수인 나스가와 덴신과의 경기는 반대로 단 1라운드 만에 끝냈다. 상대가 지난 10라운드의 장기전을 분석했으리라는 예상이었다. 일본에서 진행하는 원정 경기의 불리함도 고려했다. 이번에도 메이웨더가 이겼다.

이처럼 메이웨더는 경기마다 상황에 맞는 전략을 설계했다. 그는 고정된 기술이 아닌, 변화하는 상황에 대응하는 전략적 유연성으로 '이기는 감각'을 유지했다.

기업 경영도 마찬가지다. 정면승부만이 해답은 아니다. 때로는 경쟁자의 예측을 비껴가야 하고, 전략적 유연성으로 대처해 이겨야 한다.

기업의 승리는 더 나은 원가 구조, 더 나은 고객 경험, 더 나은 가치 제안으로 시장에서 선택받는 일이다. 이기는 기업은 수익을 창출하고, 그 수익을 투자로 전환해 더 큰 경쟁력을 만든다. 이기는 감각을 지닌 기업만이 장기적으로 살아남는다.

사회에서는 열심히 하는 것보다 잘하는 것이 중요하다고 이야기한다. 그러나 잘하는 것보다 이기는 것이 더 중요하다. 그러기 위해서는 평소에 이기는 감각을 익히고, 이기는 원리를 배우고, 이기는 모습을 상상해보아야 한다.

사업은 현금 창출액으로 겨루는 프로의 세계이기 때문이다.

☑ CEO 체크리스트: 나는 이기는 감각을 지니고 있는가?

	질 문	그렇다	아니다
이기는 경험	우리 회사가 최근 3년간 분명히 '이겼다'라고 정의할 수 있는 사례가 있는가?		
	승리의 원인을 분석해 조직의 학습으로 전환했는가?		
전략적 유연성	주력 기술이나 전략에만 집착하지 않고, 상황에 맞게 전략을 변주할 수 있는가?		
	경쟁자의 예측을 무력화하기 위해 의도적으로 다른 패턴을 선택한 적이 있는가?		
경쟁자 예측과 대응	주요 경쟁자가 우리를 이기기 위해 준비하는 전략을 정기적으로 모니터링하고 있는가?		
	그들의 예상 자체를 흔드는 방안을 준비했는가?		
시간과 경기 운영 능력	단기전(가격경쟁, 단기 마케팅 효과)과 장기전(브랜드·연구 개발·시장점유율 확대)을 구분해 설계하고 있는가?		
	단기전과 장기전 모두에서 이길 수 있는 준비가 되어 있는가?		
위치 선점 (고지 전략)	우리는 산업에서 '10cm 더 높은 자리'를 차지하고 있는가?		
	가격 구조, 기술력, 규제 환경 중 적어도 한 분야에서 확실히 유리한 위치를 확보했는가?		
이기는 감각의 내재화	리더와 직원은 '열심히 한다'가 아니라 '이긴다'는 감각을 공유하고 있는가?		
	이기는 경험을 축적해 조직의 문화와 시스템에 녹여내고 있는가?		

부의 감각

4

손자병법의
승리 공식을 적용하라

많은 경영자가 하루 24시간을 쪼개가며 열심히 뛴다. 새벽부터 밤늦게까지 회의하고 보고 받으며, 영업과 투자 유치에 몰두한다.

하지만 현실에서 승패를 가르는 것은 '노력의 양'이 아니라 '이기는 법을 아는 감각'이다. 《손자병법孫子兵法》을 읽거나, 강의에서 들어본 경영자는 많다. 정작 자신의 사업 현장에 그것을 적용해본 사람은 드물다. 더 심각한 것은 사업가임에도 《손자병법》의 기본조차 체화하지 못한 채 감으로만 경영하는 경우가 허다하다는 점이다.

사업은 시장에 뛰어드는 것만으로는 의미가 없다. 《손자병법》의 원리를 아는 것은 출발선에 불과하다. 진정한 사업가는 그것을 뛰어넘는 사례를 만들어야 한다. 시장에서 살아남고, 장기적으로 부를 창출하기 위해서다.

또 시선을 높은 곳에 두어야 한다. 전장을 코앞에서만 바라보는 리더는 언제나 긴급한 문제에 쫓기고 작은 경쟁에 매몰된다. 그러나 전장을 위에서 조망하는 리더는 싸움을 선택하고 통제한다. 손자가 말한 '싸우지 않고 이기는 길'을 현실에서 구현할 수 있는 것이다.

2,500년이 지난 지금까지도 경영자와 전략가가 《손자병법》을 탐독하는 이유가 있다. 이 책이 군사적 전투 지침이 아니라, 승리의 본질을 해부한 전략 교과서이기 때문이다. 손자는 전쟁을 단순한 무력 충돌이 아니라 승리를 미리 설계하는 지혜라고 정의했다. 그 지혜는 현대 경영 환경에서 그대로 살아 움직인다.

이 장에서는 《손자병법》의 핵심 원리를 경영 전략으로 번역하고, 실제 기업 사례를 통해 어떻게 적용해야 하는지 살펴본다. 승부를 앞둔 장수의 자세로 이 장을 읽기를 바란다. 이 글이 여러분의 전략적 시선을 한 단계 끌어올리고, 사업을 '열심히 하는 것'에서 '반드시 이기는 것'으로 바꾸는 계기가 되기를 바란다.

준비가 곧 승리: 싸우기 전에 이겨라

"승자는 싸움 전에 이미 이기고, 패자는 싸운 뒤에야 이길 방법을 찾는다."라는 손자의 이 말은 준비론을 넘어선다. 전쟁에 임하기 전에 승리의 조건을 만들어놓으라는 것이다. 기업으로 치환하면, 신제품을 출시하기 전에 시장의 흐름, 고객의 반응, 경쟁자의 대응까지 예측하고 설계해야 한다는 뜻이다.

테슬라는 출시 전부터 '전쟁에서 이긴' 사례였다. 자체 충전 네트워크와 소프트웨어 업데이트 체계, OTA Over-the-Air 기술을 미리 구축해 승리의 조건을 갖췄다. 반면 경쟁사들은 단순히 차량 성능에 집중한 나머지, 충전 인프라가 뒤처지고 사용자 경험을 만족시키지 못했다.

선택과 집중: 불필요한 싸움은 하지 마라

손자는 전쟁에서 반드시 피해야 할 8가지 상황을 제시했다. 높은 언덕에 진을 친 적, 퇴로가 막혀 결사적인 적, 혹은 도망가는 척 유인하는 적 등이다. 이는 곧 승산 없는 전쟁을 피하라는 교훈이다.

넷플릭스는 DVD 대여업에서 스트리밍으로 포지셔닝을 변환할 때, 블록버스터 같은 거대 체인과 정면으로 맞서지 않았다. 그 대신 새로운 기술과 플랫폼으로 전장을 바꿨다. 싸우지 않아도 이기는 길을 택한 것이다.

노키아는 스마트폰 시대에 안드로이드와 애플 양쪽과 정면 대결을 벌이려 했다. 운영체제, 생태계, 브랜드 파워 모두 열세였는데도 정면승부를 택한 결과, 싸움이 소모전으로 끝나며 몰락했다.

속임수: 모든 전쟁의 기반은 기만이다

손자는 '전쟁의 본질은 속임수'라고 했다. 전쟁은 상대방의 인식과 심리를 교란하는 게임이라는 것이다.

테슬라는 전기차를 대중화하기 전, 럭셔리 스포츠카인 로드스터를 먼저 출시했다. 언뜻 틈새시장을 노린 것처럼 보였지만, 실제 의도는 '전기차 = 고급'이라는 이미지를 각인시키는 기만전략이었다. 이후 모델 S, 모델 3로 대중화하면서 전기차 이미지 전반을 바꿨다.

스타벅스는 단순 커피숍이 아니다. 고객의 눈에는 '생활 방식의 브랜드'로 보인다. 고급 인테리어, 이름을 불러주는 문화, 프리미엄 가격정책 모두가 심리적 기만이다. 이를 통해 소비자는 커피가 아니라 '경험'을 산다고 느낀다.

정正과 기奇: 기본기와 압도적 차이

손자는 전쟁을 '정正'과 '기奇'로 구분했다. 정은 정공법, 기는 상상을 초월한 혁신이다. 기업 경영에서 정은 효율적 운영과 기본기, 기는 압도적 차별화다.

삼성전자의 반도체 사업은 그 두 가지의 조화가 돋보이는 사례다. 제조 공정에서는 철저한 효율과 품질관리로 기본기를 다졌고, 세계 최초로 초대용량 메모리를 출시하며 기술 혁신을 이뤄냈다.

부의 감각

넷플릭스는 안정적인 스트리밍 플랫폼이라는 기본기 위에 오리지널 콘텐츠 제작, 독점 서비스라는 차별화 전략으로 시장을 장악했다.

반면 LG전자의 스마트폰은 하드웨어 품질이라는 기본기는 갖췄지만 차별화된 '기'가 부족해 '좋은 제품이지만 굳이 살 이유가 없는' 브랜드가 되어 사업을 철수했다.

구조적 우위 설계: 싸우지 않고 이기는 전략

손자가 말한 최고의 승리는 '싸우지 않고 이기는 것'이다. 기업의 경우, 경쟁 자체를 무의미하게 만드는 구조 설계다.

구글은 검색 결과의 질을 높이면서 광고 네트워크 구조를 설계해 시장 전체를 장악했다. 경쟁자가 검색 품질만으로 구글을 이길 수 없게 만든 것이다.

카카오톡은 무료 메신저라는 구조적 우위로 시작했다. 수익 모델을 구축하기보다, 사용자를 장악하는 데 집중했다. 경쟁자가 요금 기반 구조에서 벗어나기 전에 시장을 장악해버렸다.

MS오피스 역시 싸우지 않고 이긴 대표 사례. 워드·엑셀·파워포인트를 하나의 패키지로 묶어 표준을 선보였다. 이후 구글 독스나 애플 iWork가 도전했지만, 구조적으로 승부가 끝난 뒤였다.

집중과 분산: 자원은 어디에 쓰는가

손자는 '적은 분산시키고, 우리는 집중한다'라고 했다. 자원을 어디에 투입하느냐가 승패를 좌우한다.

아마존은 초기 10년 동안 오직 전자 상거래에 집중했다. 핵심 역량을 완성한 뒤에야 클라우드AWS, 콘텐츠, 물류로 확장했다. 집중이 곧 승리였다.

야후는 반대로 뉴스, 메신저, 포털, 검색, 광고 등 모든 전선에 동시에 뛰어들었다. 결과는 체력 고갈과 정체였다.

네이버는 검색과 카페라는 집중화 전략으로 출발해, 이후 웹툰, 파이낸스, 클라우드로 확장했다. 반대로 다음은 여러 서비스에 손을 대다 핵심 경쟁력을 잃고 네이버에 추월당했다.

출구 전략: 퇴각도 전략이다

손자는 '병력이 불리하면 도망가라'라고 했다. 퇴각은 비겁함이 아니라 생존을 위한 전략이다.

소프트뱅크는 위워크 사태에서 대규모 손실을 보았지만, 과감한 출구 전략으로 손실을 최소화했다.

코닥은 디지털 전환에 실패했다. 필름 사업을 붙잡고 늘어진 결과, 퇴로가 막히며 몰락했다.

《손자병법》은 고대 병법서를 넘어 승리의 본질을 설명하는 전략의 원전이다. 이 책의 핵심은 기업의 생존 전략에 명확한 교훈을 준다.

'싸우기 전에 이겨라. 싸워야 한다면 속여라. 그러나 싸움 자체는 최소화하라.'

이 지침을 경영자가 매일의 선택 속에서 되새길 때, 기업은 경쟁을 넘어 부의 흐름을 창출하는 장기적 승리를 거머쥘 수 있다.

☑ CEO 체크리스트

질 문	그렇다	아니다
나는 싸우기 전에 이길 수 있는 구조를 만들었는가?		
지금 치르는 싸움이 정말 필요한 전쟁인가?		
우리 회사의 '기奇'는 무엇인가? 경쟁자가 상상조차 못 하는 차별화가 있는가?		
싸우지 않고 이기는 구조(플랫폼·생태계·제도적 진입 장벽)를 갖추었는가?		
자원이 집중되어 있는가, 아니면 분산되어 소모되고 있는가?		
출구 전략은 명확히 설계되어 있는가?		

5

공격과 방어 전략을
활용하라

기업 경영을 스포츠에 비유하면 이해하기 쉽다. 공격과 수비 어느 한쪽만으로는 승리할 수 없다. 축구 경기에서 공격력이 뛰어나도 수비가 허술하거나, 반대로 수비만 단단하고 득점하지 못하면 이길 수 없다. 야구 또한 공격과 수비를 번갈아 수행하며 점수를 주고받는다. 우리는 경기를 보면서 이 2가지가 어떻게 균형을 이루는지 자연스럽게 이해한다.

그런데 기업 경영의 세계에서는 사정이 조금 다르다. 경영자들은 혁신, 변화, 관리, 효율성 같은 단어에는 익숙하지만 정작 '공격'과 '방어'라는 단어는 잘 쓰지 않는다.

언어가 빈약하면 개념이 약해지고, 개념이 약해지면 실제 행동으로 이어지는 전략도 흐릿해진다. 많은 사업가가 공격해야 할 때 머뭇거리거나, 방어해야 할 순간에 허술하게 대응한다.

부의 감각

현실에서 기업은 늘 2가지 길 앞에 놓인다. 하나는 새로운 시장을 개척하거나 경쟁자의 약점을 파고드는 공격이고, 다른 하나는 이미 확보한 고객과 현금 흐름을 지키는 방어다. 2가지를 동시에 고려하지 않으면 기업은 불완전한 상태에 놓인다. 공격만 강조하면 무리하게 사업을 확장하다 자원 고갈로 쓰러지고, 방어만 의식하면 기회를 놓쳐 성장이 멈춘다.

기업 전략의 본질은 언제 공격을 감행하고 방어를 굳건히 할지 판단하는 것이다. 그 목적은 현금을 창출하고 유지하는 것이다. 성장도 생존도 모두 현금에서 나온다. 이 기본 전제를 잊지 말아야 한다.

공격 타이밍: 4가지 신호

그렇다면 공격은 언제 해야 할까? 모든 전투와 마찬가지로 기업의 공격도 타이밍이 전부다. 아무리 뛰어난 무기를 가지고 있어도 잘못된 시점에 휘두르면 역습을 당할 수 있다. 반면 제대로 된 순간을 포착하면 적은 자원으로도 큰 성과를 낼 수 있다.

공격 타이밍을 알려주는 신호는 크게 4가지다.

① 환경이 급격히 변할 때

규제가 완화되거나 새로운 기술이 등장하면 시장 질서가 흔들린다. 이때는 기존 강자가 잠시 균형을 잃는다. 기술 성능이 갑자기 좋아지거나 단가가 30% 이상 낮아지는 경우가 있다.

② 선도 기업의 약점이 드러날 때

제품 출시가 늦어지거나 고객 불만이 쌓이고 가격 인상으로 불만이 고조되면 기회가 열린다. 고객 만족도 지수가 급락하거나 서비스 수준이 떨어지는 순간이 후발 주자에게 틈새를 내주는 때다.

③ 상대의 보복 능력이 약할 때

현금이 바닥났거나 조직이 분산돼 있으면 반격은 늦어지고 힘도 빠진다. 이때는 과감히 전진할 만하다.

④ 미충족 수요가 명확할 때

고객들이 불편을 호소하거나 우회적인 해결책을 쓰고 있다면 그 자체가 신호다. 예컨대 특정 검색 키워드가 3개월 이상 20% 이상 증가한다면, 아무도 그 수요를 제대로 채우지 못하고 있다는 뜻이다.

이 4가지 신호는 공격 기회를 알려주는 레이더다. 경영자는 늘 신호를 관찰해 적절한 순간 공격 자원을 집중해야 한다.

공격의 7가지 방식

공격 순간을 포착했다면, 어떤 방식으로 공격할 것인지를 결정해야 한다. 기업의 공격 전략은 가격 인하나 신제품 출시로만 설명되지 않는다. 그 안에는 여러 패턴이 있으며, 상황에 따라 각기 다른 방식이 효과를 발휘한다.

대표적인 7가지를 살펴보자.

① 정면 승부

경쟁자의 핵심 강점을 더 높은 성능이나 더 낮은 가격으로 직접 압도하는 방식이다. 삼성전자가 오랜 기간 인텔을 추격해 결국 반도체 시장의 주도권을 가져온 사례가 해당한다.

정면 승부는 가장 눈에 띄는 효과를 내지만, 동시에 비용과 리스크도 크다. 충분한 현금, 인력, 생산 능력이 뒷받침되지 않으면 중도에 좌초하기 쉽다.

② 틈새 공략

선도 기업이 무시하거나 관심을 두지 않은 작은 시장을 집중적으로 파고드는 방식이다. 예를 들어 대기업용 SaaS만 고집하던 시장에서, 어떤 스타트업이 '50인 이하 팀 전용 초저가 요금제'를 내놓아 주목받았다.

이 전략은 상대가 굳이 막으려 하지 않는 영역에서 뿌리를 내리며, 점차 기반을 확장하는 효과가 있다.

③ 속도전

빠른 출시와 반복적 개선을 통해 시장을 선점하는 전략이다. 고객이 원하는 기능을 완벽히 갖추기 전에라도 빠르게 내놓고, 실제 사용 데이터를 반영해 수정하는 것이다. 넷플릭스가 매일 A/B

테스트를 통해 인터페이스를 개선한 사례가 전형적이다. 속도전에서는 출시 횟수가 완성도보다 우선한다.

④ 표준 선점

인터페이스, 데이터 포맷, 과금 방식 같은 요소를 사실상의 업계 표준으로 만들어버리는 전략이다. 일단 표준을 장악하면 이후에 들어오는 경쟁자는 그 규칙을 따라야 하고, 자연스럽게 후발주자의 선택지를 제한할 수 있다. 아마존 웹서비스가 클라우드 산업에서 사실상의 규격을 만든 것이 대표적인 예다.

⑤ 번들링

여러 제품을 묶어 팔거나, 등급·용량·속도에 따라 가격을 구분해 마진을 지키는 방법이다. 마이크로소프트의 오피스 패키지는 번들링 전략의 전형이었다. 호텔에서 객실 숙박 상품과 조식 식사권을 함께 판매하는 것도 마찬가지다.

⑥ 플랫폼 확장

인접한 카테고리를 흡수해 경쟁자의 핵심 사용 사례를 잠식하는 방식이다. 예컨대 페이스북이 인스타그램과 왓츠앱을 인수하며 소셜 미디어의 여러 사용 맥락을 한데 묶은 것이 그렇다. 기존 고객의 이용 시간을 더 많이 흡수하면서 경쟁자가 설 자리를 줄이는 효과를 낸다.

부의 감각

⑦ 수직 통합

핵심 원자재나 병목 공정을 내부에서 처리할 수 있게 해 품질과 원가, 속도를 스스로 통제하는 전략이다. 테슬라가 배터리 공장을 직접 운영하는 이유는 원가 절감 및 공급망을 통제해 장기적 경쟁력을 확보하기 위함이다. 수직 통합은 공격이자 동시에 방어이기도 하다.

이 7가지 방식은 각각의 상황에 따라 적합성이 다르다. 하나의 방식만 고집하지 않고, 시장 환경과 자원 상태에 맞게 선택하거나 조합하는 것이 중요하다. 공격의 본질은 상대의 약점을 공략하고, 동시에 우리의 강점을 극대화하는 데 있다.

방어의 7가지 방식

공격이 기업의 성장 엔진이라면 방어는 생존의 방패다. 많은 경영자가 새로운 시장을 여는 공격에는 관심을 기울이지만, 이미 확보한 고객과 현금 흐름을 지키는 방어에는 소홀한 경우가 많다.

하지만 실제 시장에는 돈의 향기에 이끌려 끊임없이 새로운 경쟁자가 몰려든다. 탄탄한 방어 체계를 구축하지 않으면 오늘의 성과가 내일 사라질 수 있다.

방어 전략은 하나의 장치로 끝나지 않는다. 여러 겹으로 진입 장벽을 쌓아 '두꺼운 경제적 해자'를 만들어야 한다.

① 수요 측면 장벽

고객이 다른 서비스로 옮기려 할 때 상당한 비용과 노력이 들어가도록 만드는 것이다. 데이터 이관, 직원 교육, 워크플로 변경 같은 요소가 여기에 포함된다. 또 강력한 브랜드 충성도를 확보하면 고객은 단순히 가격이 낮다는 이유만으로는 쉽게 떠나지 않는다.

② 공급 측면 장벽

규모의 경제를 통해 원가를 낮추고, 특허와 핵심 설비를 내재화하여 후발 주자가 쉽게 따라오지 못하게 막는다. 생산량이 늘어날 수록 단가가 낮아지는 구조를 만들면 소규모 경쟁자가 같은 가격으로 경쟁에 나서기 어렵다.

③ 네트워크 효과

사용자가 많아질수록 서비스 가치가 더 커지는 구조다. 특히 다면적 플랫폼일수록 효과는 강력하다. 예컨대 거래소는 매도자가 많아질수록 매수자에게 유리하고, 매수자가 많아질수록 매도자에게 유리하다. 이렇게 네트워크가 확대되면 신규 경쟁자가 끼어들 틈이 줄어든다.

④ 축적된 데이터

시간이 지날수록 쌓이는 데이터는 경쟁 우위의 원천이다. 더 많은 데이터를 보유한 기업은 더 정교하게 추천하고, 더 안정적인 서비스를 제공하며, 더 빠른 의사 결정을 내릴 수 있다. 이 데이터는 경쟁자가 하루아침에 모방할 수 없기에 강력한 방어벽이 된다.

⑤ 규제와 제도의 장벽

특정 산업에서는 인증, 컴플라이언스, 라이선스가 필요하다. 이를 먼저 확보한 기업은 합법적인 문턱을 세운 것이나 다름없다. 특히 금융, 헬스 케어, 에너지 등의 분야에서는 규제 장벽 자체가 경쟁 우위로 기능한다.

⑥ 계약과 채널의 록인Lock-in

장기 계약을 통해 고객을 묶거나, 리베이트와 벌점 구조를 설계해 이탈을 어렵게 만든다. 또 1·2차 유통망을 선점하면 신규 진입자가 고객에게 다가갈 수 있는 통로 자체를 차단할 수 있다.

⑦ 신속 보복 체계

방어는 벽을 높이는 것만으로 끝나지 않는다. 실제로 공격이 들어왔을 때 얼마나 빠르게 반격할 수 있느냐가 중요하다. 가격 인하, 프로모션, 유통 재배치 같은 대응책을 72시간 이내에 실행할 수 있도록 매뉴얼과 예산을 미리 확보해야 한다.

더불어 과거 보복 사례를 공개해 '덤비면 곧바로 대응한다'라는 메시지를 주는 것도 억지력으로 작용한다.

이 7가지 장치는 독립적으로도 의미가 있지만, 함께 쌓을 때 훨씬 더 강력해진다. 공격을 당해 하나의 장벽이 무너져도 바로 붕괴하지 않고, 다른 장치들이 완충 작용을 하게 된다. 이것이 바로 방어 스택의 힘이다. 공격이 성장을 만든다면, 방어는 그 성장을 지켜내는 최소한의 보험이다.

보복 억지력

기업 간 경쟁은 속도전이나 가격경쟁에서 끝나지 않는다. '상대가 공격했을 때 내가 얼마나 강하게 보복할 수 있는가'가 중요하다. 보복 가능성은 실질적인 억지력으로 작용한다. 전쟁에서 상대방이 강력한 보복 수단을 지닌 경우 쉽게 공격하지 못하듯, 기업 환경에서도 마찬가지다. 이 억지력을 정리하는 틀이 바로 CAP이다.

C는 능력Capability이다. 보복할 의지가 있어도 자원이 없다면 실행하기 어렵다. 능력은 현금, 신용, 생산능력, 재고, 채널 가동률로 표현된다.

예를 들어 한 리테일 기업이 공격받았을 때 즉시 전국 단위 할인 쿠폰을 배포하려면 현금 유동성을 확보해야 하고, 재고와 물류를 준비해야 한다. 능력이 뒷받침되지 않으면 보복은 말뿐인 위협에 불과하다.

A는 의지Appetite이다. 실제로 보복할 수 있는 자원이 있더라도, 경영진이 그것을 사용할 마음이 없다면 억지력은 약해진다. 보복은 종종 단기 이익을 희생하는 결정을 요구한다. 가격을 대폭 낮추거나, 무상 업그레이드를 제공하거나, 일시적 손실을 감

수하면서라도 시장을 지키는 선택이 필요할 때가 있다. 경영진이 이런 희생을 감수할 태도를 보이면 잠재적 경쟁자는 쉽게 도전하지 못한다.

P는 근접성Proximity이다. 보복을 실행할 수 있는 속도와 접근성이다. 능력과 의지가 있더라도 준비에 몇 달이 걸린다면 억지력이 떨어진다. 공격자는 '적어도 초반에는 우리가 우위를 점할 수 있다'라고 계산한다.

72시간 이내에 가격 프로모션을 재배치하거나, 일주일 안에 주요 채널에 새 조건을 배포할 수 있는 체계를 갖춘 기업은 공격을 억누를 힘을 지닌다. 근접성이 높을수록, 즉 대응 속도가 빠를수록 CAP 점수는 올라간다.

이 3요소가 조화를 이룰 때 기업은 강력한 보복 억지력을 갖출 수 있다. 경쟁자는 "이 회사가 보복할 수도 있다"라는 단순한 내용이 아니라, "보복할 능력도 있고, 의지도 있으며, 실행도 빠르다"라는 메시지를 읽는다. 이 경우 애초에 공격 의지가 꺾일 가능성이 크다.

공격을 준비하는 기업이라면 항상 이렇게 물어야 한다. "지금 상대의 CAP 점수가 낮은가?" 방어를 준비하는 기업은 이렇게 자문해야 한다. "우리의 CAP 점수를 시장이 제대로 읽고 있는가?" CAP는 단순한 평가 도구가 아니라, 전략적 억지력의 핵심 언어다.

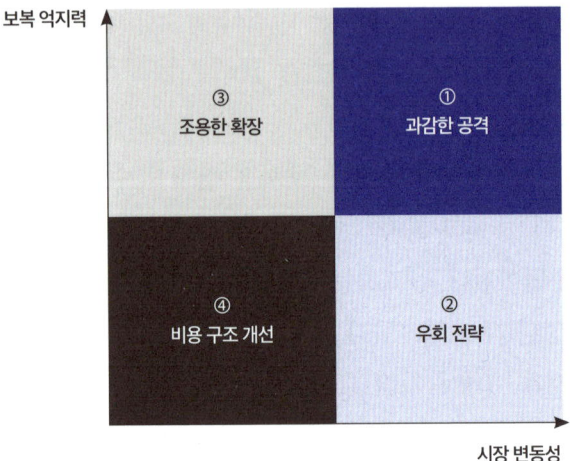

보복 억지력

③
조용한 확장

①
과감한 공격

④
비용 구조 개선

②
우회 전략

시장 변동성

공격·방어 전환 판단 기준

경영자는 매일 수많은 결정을 내려야 한다. 특히 치열한 시장 환경에서 '지금은 공격해야 할 때인가, 아니면 방어에 집중해야 할 때인가'를 가르는 판단은 기업의 성패를 좌우한다. 이 판단을 돕는 방법을 소개한다.

첫 번째는 시장 환경과 자사 역량을 교차하는 간단한 2×2 매트릭스다. 가로축은 시장 변동성이고, 세로축은 회사의 CAP이다.
① 시장 변동성이 높고 CAP도 높은 경우: 과감히 공격해야 한다. 빠른 속도로 시장을 선점하고, 표준을 장악하며, 채널을 확장하는 전략이 유효하다.
② 시장 변동성이 높은데 CAP가 낮은 경우: 정면 공격보다

　　　　부의 감각

는 우회 전략이 필요하다. 틈새 실험을 하거나 파트너 동맹을 통해 간접적 레버리지를 쓰는 것이 더 현명하다.

③ 시장 변동성이 낮고 CAP가 높은 경우: 굳이 노골적인 전쟁을 치르기보다 조용히 확장하는 것이 바람직하다. 번들 전략과 가격 펜스를 활용해 점유율을 서서히 잠식하는 방식이다.

④ 시장 변동성이 낮고 CAP도 낮은 경우: 방어적 태도가 필요하다. 이때는 마진을 지키고, 계약을 조정하고, 전환 비용을 높이고, 비용 구조를 개선하는 것이 우선이다.

2×2매트릭스만으로도 많은 경영자가 순간적인 오판을 피할 수 있다.

두 번째는 공격과 방어를 구분하는 핵심 수치 지표다.

공격을 지속하려면 매출 없이도 회사를 최소 6개월 이상 운영할 수 있는 현금을 확보하고 있어야 한다. 이를 흔히 런웨이 Runway라고 부른다. 6개월 미만이면 공격은 위험하다.

속도 우위 판단 기준은 핵심 기능 출시 주기가 2주 이내인지, 잠재 고객이 유료 고객으로 전환되는 시간이 30일 이내인지다.

방어 안정성은 고객 갱신율이 90% 이상이고, 데이터 이관 소요 기간이 4주 이상이어야 한다. 그래야 이탈을 늦추고 시간을 벌 수 있다.

마지막으로 보복 억지력은 CAP 중 2축 이상이 상上 수준이어야 한다. 그렇지 않다면 허술한 방어다.

숫자로 조건을 정리하면 감각적 판단에 기댈 때보다 훨씬

	핵심 지표	기준값
공격 지속 여력	가용 현금 ÷ 월간 순현금 유출	≥ 6개월
속도 우위	핵심 기능 출시 주기	≤ 2주
	리드(잠재 고객) → 전환(유료) 기간	≤ 30일
방어 안정성	고객 갱신률	≥ 90%
	데이터 이관 소요 기간	≥ 4주
보복 억지력	능력·의지·근접성	2축 이상 '상' 유지

냉정한 결정을 내릴 수 있다.

세 번째는 '포터의 5가지 경쟁 요인Five Forces'을 공격과 방어의 전략 틀로 재해석하는 방법이다. 이는 산업의 수익성과 구조를 결정하는 5가지 힘이다.

① 신규 진입자 위협

새로운 경쟁자가 시장에 들어오려는 조짐이 보이면 기존 기업에는 진입 장벽을 높이는 전략적 방어가 필요하다. 전환 비용을 높이거나, 장기 계약과 인증 제도를 통해 고객이 쉽게 이탈하지 못하게 만드는 방법이 대표적이다.

공격 측면에서는 저마진 상품이나 보급형 모델을 선제적으로 출시해, 신규 진입자의 기대 수익을 낮추는 방법이 효과적이다.

② 대체재의 위협 상승

소비자가 다른 제품이나 기술로 갈아탈 가능성이 커질 때 사용할 수 있는 방어 전략은 번들 서비스나 플랫폼화를 통해 기존 고객을 묶어두는 것이다. 예를 들어 MS오피스는 워드·엑셀·파워포인트를 통합해 사용자가 쉽게 벗어나지 못하게 했다.

공격 전략은 제품의 사용 맥락 자체를 새롭게 정의한다. 넷플릭스가 'TV 대체재'가 아니라 '시간을 점유하는 플랫폼'으로 포지셔닝했듯, 대체재의 기준을 바꾸어보라.

③ 구매자의 교섭력 상승

고객의 요구가 강해지고 가격 압박이 커질 때 방어하기 위해서는 다양한 유통 채널을 확보해 협상력을 분산하고, 기술·서비스 측면에서 차별 포인트를 만들어 가격 협상력을 높여야 한다.

공격 전략은 특정 고객군을 초超세분화하여 그들의 니즈를 깊이 파고드는 것이다. 이렇게 하면 고객 충성도를 높이고, 가격보다 관계 중심의 시장을 만들 수 있다.

④ 공급자의 교섭력 상승

원자재나 핵심 부품을 공급하는 업체의 힘이 강해질 경우 방어 전략은 수직 통합과 공급망 다변화를 통해 안정성을 확보하는 것이다. 예를 들어 테슬라는 배터리 공급 업체에 의존하지 않고 자체 공장을 세워 위험을 줄였다. 이런 경우 사용하는 공격 전략은 핵심 모듈의 내재화다. 기술을 직접 확보하거나 독자적 표준을 만들면 공급자보다 우위에 설 수 있다.

⑤ 기존 경쟁 심화

경쟁사가 빠르게 따라오고 시장이 포화 상태일 때 방어 전략을 사용하려면 데이터 모트(데이터 해자)와 서비스 수준 협약SLA 강화로 신뢰의 벽을 높여야 한다.

그러기 위해서 공격 전략은 속도와 표준화의 주도권을 쥐는 방식을 전략적으로 삼아야 한다. 먼저 움직이는 기업이 산업의 규칙을 만든다. 예컨대 아마존은 속도와 가격경쟁을 결합해 '표준'을 주도함으로써 경쟁자들이 따라오기 어렵게 만들었다.

포터의 5가지 요인은 '언제 방어하고 언제 공격할 것인가'를 설계하는 전략적 나침반이다. 즉, 공격과 방어를 동시에 설계할 수 있는 전략 축으로 해석해야 한다. 이 5가지 축을 명확히 읽을 수 있다면 기업은 위기를 겪어도 방향을 잃지 않는다.

기업 경영은 끝없는 경기와 같다. 우리는 스포츠에서 공격과 수비의 균형이 얼마나 중요한지 직관적으로 이해한다. 그러나 사업 현장에서는 이 단순한 원리를 잊곤 한다. 혁신과 성장만 외치다가 자원을 소진해 무너지거나 방어에만 매달리다가 기회를 놓쳐 성장이 멈추는 일이 반복된다.

공격에는 타이밍이 필요하다. 환경 변화, 경쟁자의 약점, 보복 능력의 부재, 미충족 수요라는 신호를 포착할 때가 바로 기회다. 이 순간을 잡아야 새로운 시장이 열린다.

공격에는 여러 방식이 있다. 정면 승부, 틈새 공략, 속도전, 표준 선점, 번들 전략, 플랫폼 확장, 수직 통합이 대표적인 유형이다. 어떤 방식을 선택하든 핵심은 나의 강점으로 상대의 약점

부의 감각

을 치는 것이다.

그러나 공격만으로는 충분하지 않다. 확보한 고객과 현금 흐름을 지키는 방어 장치가 없다면 성과는 금세 무너진다. 방어는 전환 비용, 공급 장벽, 네트워크 효과, 데이터 모트, 규제 장벽, 계약·채널 록인, 신속 보복 체계라는 여러 장치로 이루어진다. 이 장치들이 쌓여야 두껍고 흔들림 없는 경제적 해자를 만들 수 있다.

보복 억지력은 기업의 억지력을 평가하는 중요한 기준이다. 능력, 의지, 근접성 3가지가 모두 강할 때, 경쟁자는 쉽게 공격하지 못한다. 공격자가 CAP를 낮게 평가할 때만 도전이 일어나고, 방어자는 CAP를 높게 보여줄 때 공격을 억제할 수 있다.

기업의 생존과 성장은 공격과 방어라는 두 축을 동시에 잡을 때 가능하다. 공격 없는 방어는 위축이고, 방어 없는 공격은 무모하다. 성장과 생존은 서로 다른 길이 아니라, 같은 길 위의 두 궤적이다. 경영자는 이 두 축을 균형 있게 설계할 줄 알아야 한다. 그것이 기업을 오래 지속시키고 부를 만들어내는 가장 현실적인 전략이다.

✅ CEO 체크리스트

	질 문	그렇다	아니다
공격 준비도	우리 회사에는 새로운 시장을 열거나, 경쟁자의 약점을 파고들 구체적인 공격 전략이 있는가?		
	최근 6개월간 환경 변화(규제·기술·고객 트렌드)를 기회로 연결한 사례가 있는가?		
	핵심 기능의 출시 주기를 2주 이내로 유지하는가?		
	신규 고객이 가입 후 24시간 이내에 첫 가치 경험TTV을 얻도록 설계되어 있는가?		
	가용 현금 ÷ 월간 순현금 유출이 6개월 이상인가?		
방어 준비도	고객이 다른 제품으로 전환할 때, 데이터 이관·교육·비용이 큰 부담으로 작용하는가?		
	주요 고객의 갱신률이 90% 이상 유지되고 있는가?		
	우리 회사만의 데이터 진입 장벽이 축적·활용되는가?		
	주요 거래처와 장기 계약 또는 채널 록인 구조가 있는가?		
	경쟁자의 공격에 대응하기 위한 72시간 내 실행 가능한 보복 매뉴얼이 준비되어 있는가?		
CAP 점검	현금·생산·재고·채널 등 실행 능력이 충분한가?		
	단기 이익을 희생하더라도 보복할 경영진의 의지가 있는가?		
	공격이 들어올 경우, 일주일 이내에 현장 대응이 가능한가?		

부의 감각

6

좋은 경쟁자와 함께,
나쁜 경쟁자를 도태시켜라

기업 경영에서 경쟁은 피할 수 없다. 그러나 경쟁을 주어진 환경으로 받아들일 필요는 없다. 경영자는 시장의 흐름에 끌려가는 존재가 아니라, 좋은 경쟁자를 선택하고 나쁜 경쟁자를 도태시키는 설계자가 될 수 있다. 어떤 경쟁자와 함께 판을 짜느냐에 따라 기업의 운명과 시장의 질서가 크게 달라진다.

좋은 경쟁자는 시장의 초과 수익률을 유지하게 한다. 초과 수익률은 시장 참여자에게 추가 보상을 가져다주는 구조를 말한다. 우리가 어떤 산업에 뛰어드는 이유는 이 초과 수익률에 있다.

좋은 경쟁자는 이를 파괴하지 않고 유지하거나 오히려 강화한다. 이들은 가격 덤핑이 아니라 품질, 브랜드, 사용자 경험 같은 본질적 가치를 중심으로 경쟁한다. 무리하게 시장을 흔들지 않고 상황이 나쁘면 질서 있게 퇴장하며, 나아가 산업 전체를 키우는 데 기여한다. 고객 교육이나 인프라 구축, 기술 신뢰도 향상 같은 활동은 개별 기업만이 아니라 시장 전체를 성장시킨다. 이러한 경쟁자가 존재하면 산업은 더 탄탄해지고, 신규 진입자 중 불량한 플레이어가 쉽게 발붙이지 못한다.

반대로 나쁜 경쟁자는 시장의 초과 수익률을 무너뜨린다. 이들은 원가 이하로 판매하는 덤핑 경쟁을 통해 시장 전체의 이익 구조를 파괴하거나 불공정한 방법으로 규칙을 교란한다. 단기적인 점유율 확보에만 몰두하고 절박함에서 비롯된 비합리적 확장을 반복한다.

그 결과는 늘 같다. 건강한 기업이 오래 버티지 못하면서 시장 전체가 신뢰를 잃는다. 마치 썩은 사과 하나가 박스에 담긴 전체를 썩게 만드는 것과 같다.

내가 이투스를 경영할 당시 온라인 교육업계는 경쟁이 대단했다. 1위 메가스터디, 2위 이투스, 3위 코리아에듀, 4위 스카이에듀 그리고 수많은 중소 교육업체가 존재했다. 말 그대로 '다자간 전쟁터'였다.

이 시기, 싸이월드를 운영하던 SK커뮤니케이션즈로부터 인수 제안을 받았다. 좋은 제안이었지만 곧바로 수락하지는 않았다. 그보다 '어떤 경쟁자를 판 위로 올릴 것인가'를 고민했다.

고민 끝에 코리아에듀를 선택했다. 이투스와 코리아에듀는 경쟁 관계이면서도 각자의 강점과 차별성을 가지고 시장의 질서를 함께 키워온 존재였다.

이 합병은 기업 결합을 넘어서 시장 전체의 구조를 새롭게 설계한 전략적 통합이었다. 두 회사의 합병으로 비용 중복이 줄고, 콘텐츠 품질과 마케팅 효율이 크게 높아졌다. 이후 이투스–코리아에듀 연합은 SK커뮤니케이션즈에 통합 매각되었다.

이 선택으로 시장은 혼탁했던 다자 경쟁 구도에서 1위 메가스터디와 2위 이투스의 양강 체제로 재편되었다. 결과적으로 시장은 안정되었고, 가격 중심의 덤핑 경쟁이 줄어들며 콘텐츠 품질 중심의 경쟁 질서가 자리 잡았다.

이처럼 경영자는 좋은 경쟁자를 판 위로 끌어올리고, 나쁜 경쟁자를 판 밖으로 밀어내는 선택을 할 수 있다. 고객을 선별하듯 경쟁자도 선별하라. 좋은 경쟁자는 협력해 공동 투자 및 인프라 구축으로 성장하게 하고, 나쁜 경쟁자는 산업 규칙 강화, 차별화 전략을 통해 약화시켜야 한다. 때에 따라 나쁜 경쟁자의 행동을 바꾸어 좋은 경쟁자로 전환시키는 것도 가능하다. 그에 따라 산업구조와 기업의 운명이 달라진다.

경쟁은 주어진 운명이 아니다. 시장의 흐름을 보며 '어쩔 수 없다'라고 체념하는 순간, 경영자는 시장의 설계자가 아니라 생존자로 전락한다. 그러나 경쟁은 충분히 설계할 수 있는 대상이다.

좋은 경쟁자를 선택하고 키운다는 것은 상대 기업을 도와주는 일이 아니다. 곧 자신의 미래 수익을 지키는 일이다. 좋은 경쟁자가 시장에 남아 있을수록 산업 전체의 신뢰도가 유지되고, 고객의 눈높이가 올라가며, 혁신의 속도가 늦춰지지 않는다. 장기적으로는 초과 수익률이 유지되는 안정된 시장이 조성된다.

결국 좋은 경쟁자를 키우면 상대에게 힘을 실어주는 것이 아니라, 자신의 판을 지켜내게 된다.

반대로 나쁜 경쟁자를 도태시키는 것은 시장이 불공정과 불신으로부터 훼손되지 않도록 방어하는 행위다. 나쁜 경쟁자를 방치하면 단기적으로는 가격이 낮아지고 소비자가 좋아하는 것처럼 보일 수 있다. 그러나 장기적으로는 시장 전체가 황폐해지고, 건강한 사업자가 떠나며, 소비자 역시 피해를 본다. 경영자의 선택은 산업 전체를 위한 공적 책임이자 자신의 생존을 위한 전략적 선택이다.

경영자의 감각은 여기서 갈린다. '경쟁은 어쩔 수 없다'라는 태도를 지닌 경영자는 시장의 파도에 흔들릴 뿐이다. '경쟁은 설계할 수 있다'라는 감각을 지닌 경영자는 시장의 판을 주도하고, 자신과 산업 모두의 미래를 만들어간다.

☑ CEO 체크리스트

질 문	그렇다	아니다
우리 시장에서 '가치로 경쟁'하는 기업을 명확히 정의해두고 있다.		
시장 신뢰를 떨어뜨리는 플레이어가 누구인지 파악하고 있다.		
좋은 경쟁자가 더 성장하도록 돕는 행동을 실제로 하고 있다.		
나쁜 경쟁자의 시장 영향력을 낮추기 위한 구체적인 전략을 마련했다.		
시장의 구조를 설계하고 판을 주도하고 있다고 자신 있게 말할 수 있다.		

부의 감각

7

후발 주자가
공격하는 방법

    기업의 세계는 추격과 방어가 끊임없이 이어지는 경기다. 어느 순간 특정 기업이 앞서 달리며 시장의 주도권을 쥐지만, 그 뒤에는 늘 후발 주자가 존재한다. 이때 후발 주자는 선발 주자가 먼저 치러야 하는 시행착오와 비용을 관찰해 더 효율적으로 시장에 진입할 수 있는 전략적 위치에 선다. 그래서 후발 주자의 관점을 이해하는 것은 창업자뿐 아니라 이미 1위에 오른 선발 주자에게도 필수적이다.

    후발 주자의 기본 논리는 '두 번째 쥐가 치즈를 먹는다'이다. 첫 번째 쥐는 덫에 걸릴 위험을 감수해야 하지만, 두 번째 쥐는 앞선 실패를 보고 교훈을 얻은 뒤 치즈만 가져간다. 선발 주자는 시장을 구축하기 위해 막대한 연구개발비를 쓰고, 소비자를 교육하며, 규제 기관과 부딪히고, 새로운 공급망을 구축해야 한다.

그러나 후발 주자는 이 과정을 지켜보면서 성공과 실패의 패턴을 거의 무료로 학습할 수 있다. 이들에게 기다림은 단순한 지연이 아니라 정보와 학습이라는 자산을 쌓는 과정이며, 이는 비용 절감과 성공 확률 증가로 이어진다.

후발 주자의 진입 전술은 5단계로 정리할 수 있다.

① 철저히 관찰한다. 선발 주자가 어디에서 비용을 많이 쓰고, 어떤 부분에서 고객이 불만을 느끼는지 기록한다.

② 틈새를 공략한다. 선발 주자가 소홀히 한 작은 고객 집단이나 시장을 파고들어 초기 성공을 이룬다.

③ 무임승차한다. 선발 주자가 이미 시장을 교육했기 때문에 후발 주자는 별도의 마케팅 비용 없이 소비자의 인식 위에서 바로 판매를 시작할 수 있다.

④ 파괴적 혁신이 이어진다. 성능 경쟁에서 정면으로 맞붙기보다 가격, 속도, 안전성, 간편성 같은 새로운 가치 축을 제시하며 기존 질서를 흔든다.

⑤ 확장 단계에서는 틈새에서 확보한 우위를 발판 삼아 주류 시장으로 진입하고 규모를 키운다.

이 전략의 교과서적인 사례가 테슬라와 BYD의 경쟁이다. 테슬라는 전기차 혁신의 상징으로 시장을 열었다. 자율주행 소프트웨어, 충전 네트워크, 고성능 배터리 개발에 막대한 자금을 투입하며 소비자에게 전기차의 가치를 교육했다. 이 과정에서 테슬라는 선발 주자의 숙명을 피할 수 없었다. 높은 연구개발비와 고정비, 규제 리스크, 시장 교육비 등을 모두 떠안은 것이다.

반면 배터리 기업에서 출발한 BYD는 철저히 기다리며 테슬라의 과정을 관찰했다. 그리고 중저가 전기차라는 틈새를 공략해 중국 내수 시장에서 빠르게 성장했다. 테슬라가 교육해둔 소비자 덕분에 BYD는 별도의 홍보 비용 없이 판매를 확산할 수 있었다.

이후 BYD는 자체 개발한 블레이드 배터리를 통해 가격과 안전성에서 우위를 확보했고, 내수 시장을 장악한 뒤 유럽과 동남아시아에 진출하며 마침내 테슬라의 판매량을 추월했다.

여기에서 우리는 중요한 교훈을 얻을 수 있다.

첫째, 선발 주자는 영원한 선발 주자가 아니다. 모든 선발 주자는 처음에는 후발 주자였으며, 현재의 1위도 언젠가는 도전받는다.

둘째, 후발 주자는 기다림을 전략화해야 한다. 기다림은 정보와 학습을 축적하는 과정이다.

셋째, 틈새를 무시하지 말아야 한다. 작은 시장에서 출발한 후발 주자가 전체 시장의 판도를 바꾸는 경우가 반복되고 있다. 아마존이 책 판매라는 틈새에서 출발해 세계 최대 전자 상거래 기업으로 성장하고, 구글이 단순 검색이라는 틈새에서 시작해 인터넷의 문을 장악한 것이 좋은 예다.

그러므로 기업 경영자는 반드시 후발 주자의 시선으로 시장을 바라봐야 한다. 후발 주자라면 선발 주자의 약점을 어디서 공략할 수 있는지 관찰해야 하고, 선발 주자라면 자신의 성공이 곧 약점으로 변하지 않도록 끊임없이 스스로를 점검해야 한다.

역사는 반복된다. 블록버스터를 무너뜨린 넷플릭스, 노키아를 대체한 애플, 테슬라를 위협하는 BYD. 이 모든 사례가 말하는 것은 단 하나다. 시장의 승자는 늘 바뀐다. 오늘 어느 위치에 있든, 후발 주자의 공격 전략을 이해하는 것은 미래의 기회를 선점하는 필수 조건이다.

☑ CEO 체크리스트

질문	그렇다	아니다
나는 지금 시장을 후발 주자의 눈으로 보고 있는가?(경쟁자의 약점을 정리해둔 리스트가 있는가?)		
성공 요인 중 약점으로 변할 수 있는 요소를 파악하고 있는가?(고정비·채널 의존·가격정책·제품 복잡성 등)		
후발 주자가 우리를 공격한다면 가장 먼저 공략할 틈새를 알고 있는가?(작은 고객군·특정 지역·낮은 가격대 등)		
우리는 기다리는 동안 경쟁자 실패, 고객 불만, 규제 신호를 학습하고 있는가?		
우리 조직은 스스로를 후발 주자처럼 만드는 장치를 갖고 있는가? (자기 잠식 KPI·소액 실험 포트폴리오·신규 세그먼트 테스트)		

8

선도 기업이

방어하는 방법

시장의 선도 기업은 처음부터 강자가 아니었다. 대부분 후발 주자로 시작해 치열한 경쟁을 뚫고 정상에 올랐다. 그러나 정상을 차지한 순간부터는 새로운 위험이 시작된다. 많은 자원을 투자했기 때문에 후발 주자가 쫓아오기 더 쉬워지고, 관성과 자만에 빠질 가능성도 커진다. 따라서 선도 기업은 자신을 지키기 위한 방어 전략을 반드시 마련해야 한다.

선도 기업은 시장의 첫 인지도를 확보했다는 큰 이점을 가진다. 사람들은 익숙한 이름을 신뢰하기 때문에 한번 자리 잡은 브랜드는 쉽게 흔들리지 않는다. 도입 이후 다른 솔루션으로 바꾸려면 비용과 시간이 너무 많이 들어 고객이 쉽게 떠나지 못한다. 더존 ERP 같은 기업용 소프트웨어 회사가 대표적이다.

또 다른 사례로 엔비디아가 있다. 이 회사는 GPU 하드웨어만 강한 것이 아니라 쿠다CUDA라는 소프트웨어 생태계를 만들어 개발자와 대학을 묶어두었다. 사용자가 많아질수록 서비스 가치가 커지는 네트워크 효과 덕분에 새로운 기업이 더 좋은 칩을 내놓아도 쉽게 진입할 수 없는 구조가 만들어졌다.

네이버와 카카오 같은 국내 기업도 마찬가지다. 네이버는 검색, 뉴스, 블로그, 카페를 결합해 이용자의 일상생활에 스며들었고, 카카오는 메신저를 통해 압도적인 네트워크 효과를 확보했다.

하지만 이점은 영원하지 않다. 기술이 빠르게 변하고 시장의 규칙이 달라지면 후발 주자에 주어지는 기회는 커진다. 노키아가 스마트폰 시대의 도래를 외면하다 몰락한 것이나, 블록버스터가 스트리밍 시대를 무시하다 사라진 것이 대표 사례다. 반대로 구글은 오픈AI의 도전에도 빠르게 대응하며 AI 경쟁력을 강화했다.

여기서 갈림길이 생겨난다. 어떤 기업은 변화를 감지하지 못해 실패하고, 어떤 기업은 위기를 기회로 전환해 리더십을 이어간다. 이를 세계적인 경영학자 필립 코틀러가 제시한 6가지 방어 전략으로 살펴보자.

① 포지션 방어

현재의 브랜드와 시장 포지션을 더욱 공고히 해서 요새처럼 지켜내는 방식이다. 코카콜라가 음료가 아니라 '행복'이라는 감성적 가치를 일관되게 심은 것이 좋은 예다. 이때 브랜드는 고객에게 타 브랜드에 대한 심리적 장벽을 만들어준다. 이처럼 브랜드는 자신의 가치를 지키기 위한 지속적 리프레시가 필요하다.

② 측면 방어

경쟁자가 노릴 만한 약점이나 틈새를 미리 막는 전략이다. 구글이 모바일 시대를 대비해 안드로이드를 인수하며 애플의 독점을 차단한 것이 여기에 해당한다. 이 경우 자신의 약점을 인정하고 보완해야 경쟁자의 도전을 차단할 수 있다.

③ 선제 방어

공격당하기 전에 먼저 혁신적인 제품을 내놓아 기선을 제압하는 것이다. 애플이 매년 신제품을 발표하며 시장의 기대를 선도한 방식이 대표적이다. 방어가 곧 공격으로 작용하며, 혁신을 멈추면 위기가 올 수 있다는 점을 주의해야 한다.

④ 반격 방어

경쟁자의 공격에 신속하게 맞대응하는 것이다. 삼성전자가 중국 스마트폰 업체의 저가 공세에 맞서 프리미엄 라인업을 강화한 사례가 그렇다. 빠른 대응과 차별화로 시장을 재편할 수 있다.

⑤ 이동 방어

기존 시장을 넘어 새로운 영역을 개척해 방어망을 넓히는 전략이다. 아마존이 전자 상거래에서 클라우드 컴퓨팅으로 확장한 것이 전형적인 예다. 방어와 성장을 동시에 달성하는 전략이다.

⑥ 수축 방어

약한 영역을 과감히 포기하고 핵심에 집중하는 방식이다. IBM

이 PC 사업을 버리고 클라우드와 컨설팅에 집중해 살아남은 사례가 이에 해당한다. 선택과 집중은 장기적 생존을 보장할 수 있도록 해준다.

해자 요인	해외 사례	국내 사례	전략적 의미
고객 전환 비용	오라클 ERP: 데이터 이전·교육 부담이 커 전환 어려움	더존 ERP: 중소기업 회계 시스템 전환 난이도 높음	안정적 현금 흐름 확보, 장기적 고객 유지
네트워크 효과	페이스북: 이용자 증가로 플랫폼 가치 증폭	카카오톡: 사용자 네트워크가 메신저 독점 강화	후발 주자의 진입 원천 차단
규모의 경제·학습 효과	삼성전자 반도체: 대량생산+경험으로 원가 경쟁력	현대자동차: 글로벌 생산 네트워크 구축	가격·효율에서 후발 주자와의 격차 확대
핵심 자원의 독점적 통제	애플: iOS·앱스토어 생태계 완전 통제	LG에너지솔루션: 전기차 배터리 핵심 원료·기술 선점	경쟁사가 모방하기 힘든 절대적 우위 창출

이 6가지 전략의 본질은 결국 경제적 해자를 구축하는 것이다. 경제적 해자는 4가지 축으로 이루어진다. 고객 전환 비용이 높을수록 이탈은 줄어든다. 네트워크 효과가 강할수록 시간이 지날수록 독점적 지위가 강화된다. 규모의 경제와 학습 효과가 쌓이면 원가 경쟁력에서 후발 주자가 따라올 수 없다. 마지막으로 핵심 자원을 독점적으로 통제하면 경쟁자가 진입하기 어렵다.

이 4가지 축이 복합적으로 작동할 때 해자는 가장 강력해진다. 그러나 아무리 해자가 깊고 넓어도 세상은 끊임없이 변한다.

선도 기업의 진짜 생존 전략은 자신을 파괴할 수 있는 용기다. 자기 파괴적 혁신이야말로 가장 강력한 방어 전략이다.

애플은 아이팟의 성공 뒤에도 이를 뛰어넘을 아이폰을 내놓았고, 아마존은 안정적인 온라인 서점에 안주하지 않고 클라우드 컴퓨팅에 도전했다. 구글 역시 검색 광고라는 황금알을 낳는 사업을 지키는 대신, 이를 위협할 수도 있는 AI에 과감히 투자했다. 마치 자기 발등을 찍는 것처럼 보이지만 이러한 자기 파괴가 결과적으로 더 큰 리더십으로 이어졌다.

선도 기업의 진정한 위협은 내부의 관성과 자만이다. 오늘의 강자가 내일의 패자가 되는 이유는 대부분 후발 주자가 가진 기술력 때문이 아니라, 스스로 혁신을 멈췄기 때문이다.

선도 기업이 지켜야 할 최종 원칙은 명확하다. 과거의 성공 공식을 절대화하지 말고, 자신을 파괴할 정도의 혁신을 두려워하지 말아야 한다. 가장 잘 팔리는 제품을 무너뜨릴 용기, 안정적인 수익 모델을 흔들 결단, 익숙한 조직문화를 부수고 새로운 질서를 세울 담대함이 필요하다. 이것이야말로 경제적 해자를 더욱 깊고 넓게 만드는 궁극적인 방법이다.

선도 기업 CEO의 생존 지침

자신의 대표 상품을 스스로 위협하라: 기존 주력 상품·서비스를 대체할 수 있는 혁신 제품을 직접 출시하라.

성공 공식을 정기적으로 의심하라: 과거에 통했던 전략이 현재와 미래에도 통할 것이라는 가정을 철저히 검증하라. 최소 1~2년 주기로 기존 비즈니스 모델의 위험 요인을 점검하고, 대안을 설계해야 한다.

내부 관성을 깨는 시스템을 만들라: "우리는 늘 이렇게 해왔다"라는 말을 경고신호로 받아들여라. 작은 혁신 팀이나 별도 조직을 두어 기존 프로세스를 흔드는 실험을 의도적으로 실행하라.

위기를 기회로 전환하라: 외부의 위협 신호를 방어적으로만 보지 말고, 새로운 성장 영역을 개척하는 기회로 활용하라.

끊임없이 새로운 해자를 설계하라: 현재의 해자(전환 비용·네트워크 효과·규모의 경제·자원 통제)가 약화될 수 있음을 전제하고, 새로운 방어선을 준비하라. 기존 해자를 유지하는 것이 아니라, 다음 세대를 위한 해자를 선제적으로 구축해야 한다.

☑ CEO 체크리스트

질문	그렇다	아니다
주력 상품·서비스를 대체할 신제품을 직접 개발·출시하고 있는가?		
과거의 성공 모델이 여전히 유효한지 주기적으로 검증하는가?		
"우리는 늘 이렇게 해왔다"라는 말이 조직에서 경고신호로 받아들여지는가?		
외부 위협 신호를 새로운 성장 기회로 활용하고 있는가?		
현재 해자가 약화될 가능성을 전제로, 차세대 해자를 준비·구축하고 있는가?		

9

대기업 vs. 스타트업 경쟁 이해하기

대기업과 스타트업의 경쟁은 피할 수 없는 현실이다. 시장에 돈이 될 만한 기회가 보이면 대기업도 달려들고, 다른 스타트업도 생겨난다.

이때 경영자는 "만약 대기업이 이 분야에 진입한다면?"이라는 질문을 두려워하기보다 그 질문의 중요도를 이해하고 답할 준비를 해야 한다. 대기업과 스타트업은 서로 다른 무기를 가지고 있으며, 이 차이를 이해하면 전략적 균형을 설계할 수 있다.

왜 대기업과 스타트업의 경쟁을 이해해야 하는가

투자자들이 스타트업에 흔히 던지는 질문이 있다.

"카카오가 하면 어떻게 할 겁니까? 네이버가 뛰어들면 어떻게 버틸 겁니까?"

이는 도발이 아니라 사업의 본질을 묻는 말이다. 돈의 향기는 언제나 경쟁자를 불러모으기 때문에, 경영자는 언젠가 반드시 대기업과 맞서거나 협력하게 된다.

예를 들어 카카오가 금융 플랫폼을 확장하는 방식으로 송금 서비스를 내놓았지만, 토스는 '간편 송금' 하나에 집중해 사용자 경험을 극도로 단순화했고 결국 시장의 판을 뒤흔들었다.

또 다른 사례로 구글과 오픈AI를 들 수 있다. 구글은 광고 매출이라는 거대한 자산이 있었지만, 그 때문에 새로운 AI 검색 도입을 주저했다. 반면 오픈AI는 기존 수익 구조가 없었기 때문에 과감하게 챗GPT를 출시하며 시장의 규칙을 다시 썼다.

쿠팡 역시 한국 전통 유통 구조를 흔들면서 로켓배송이라는 새로운 기준을 만들어냈고, 대형 마트들이 뒤늦게 대응했지만 고객의 습관이 바뀐 뒤였다.

이처럼 대기업과 스타트업의 구조를 이해하면 단순히 "이길까, 질까"라는 질문을 넘어, 서로 어떤 장점과 약점이 있는지, 어떤 시점에서 싸우고 어떤 순간에 협력해야 하는지 판단할 수 있다. 그리고 이를 이해하면 투자자든 고객이든 흔들림 없이 설득할 수 있다.

대기업의 장점과 약점

대기업은 막대한 자금력, 폭넓은 고객 기반, 전국적이고 글로벌한 유통망, 장기 축적 데이터라는 강력한 자산을 보유하고 있다. 이 자산만으로도 시장에서 압도적인 지위를 지킬 수 있다.

동시에 대기업은 의사 결정이 느리고, 조직이 관성에 젖어 있을 위험이 있고, '혁신가의 딜레마'에 빠지기 쉽다. 혁신가의 딜레마는 새롭게 등장하는 혁신을 처음에는 사소한 위협으로 무시하다가, 나중에 따라잡으려 하면 이미 늦어버린다는, 크리스텐슨 교수의 주장이다. 또 단기 실적을 중시하기 때문에 과감한 도전을 꺼리는 경향도 강하다.

스타트업의 장점과 약점

스타트업의 장단점은 뚜렷하다. 규모가 작아 빠른 속도로 움직일 수 있고, 의사 결정 과정도 단순하다. 기존 매출 구조가 없으니 자기 잠식을 걱정할 필요도 없다. 기존 시장의 규칙을 깨고 새로운 시장을 정의할 힘이 있다.

반면 재정적으로 불안정하고, 브랜드 인지도가 낮으며, 자원이 부족하다. 무엇보다 높은 실패율을 감수해야 한다는 점에서 구조적 취약성을 안고 있다.

대기업에 유리한 전략

대기업이 선택할 수 있는 길은 크게 3가지다.

첫째는 기존 자산을 활용한 점진적 혁신이다. 고객과 브랜드, 유통망에 신기술을 접목하면 고객 경험이 향상되고 전환 비용도 커진다.

둘째는 전략적 인수합병이나 파트너십이다. 스타트업의 빠른 혁신을 직접 흉내 내기는 어려우니, 아예 인수하거나 협력 업체로 끌어들이는 전략이다. 페이스북(메타)이 인스타그램과 왓츠앱을 인수하며 소셜 미디어 시장을 장악한 사례가 대표적이다.

셋째는 자기 파괴 전략이다. 단기 손실을 감수하더라도 기존 주력 제품을 버리고 새로운 기술로 전환해야 한다.

스타트업에 유리한 전략

스타트업이 취할 수 있는 전략은 대기업이 하지 않거나 못하는 분야에 집중하는 것이다. 이 전략을 사용하면 대기업이 무시하는 저가 시장이나 아직 수요가 적은 신시장을 공략할 수 있고, 특정 고객군에 몰입해 '이 문제만큼은 우리가 최고'라는 평판을 얻을 수 있다.

또 대기업이 여러 기능을 묶어 제공하는 제품에서 한 기능만 떼어내 압도적으로 개선하는 언번들링Unbundling 전략을 펼칠 수 있다. 당근마켓이 동네 중고 거래라는 작은 영역에 집중해 전국적인 서비스로 성장한 것이 좋은 예다.

기존 게임의 규칙을 깨고 새로운 규칙을 정의하는 것도 스타트업의 특권이다. 에어비앤비가 호텔 산업의 룰을 뒤집은 것이 대표적 사례다.

대기업 vs. 스타트업 경쟁 시나리오

대기업과 스타트업의 경쟁을 4가지 시나리오로 살펴보자.

대기업이 승리하는 경우: 신기술을 흡수하거나 스타트업을 인수하면서 기존 지배력을 이어간다.

스타트업이 승리하는 경우: 파괴적 혁신이 대기업의 대응을 압도해 시장 주도권을 쥔다.

공존의 경우: 대기업은 안정적인 고객층을 지키고, 스타트업은 틈새 고객을 장악하며 균형을 찾는다.

생태계 자체가 전환되는 경우: 블록체인과 Web3, 전기차와 자율주행차 같은 새로운 패러다임이 등장하면 기존 강자와 새로운 도전자가 동시에 같은 출발선에 서게 된다.

각자에게 유리한 전략

상대와의 싸움이 아니라 자신에게 유리한 방식으로 성장하는 것이 가장 중요하다. 대기업도 한때는 작은 스타트업이었고, 스타트업도 성장하면 언젠가 대기업이 된다. 따라서 양측의 전략을 이해해야 한다. 대기업은 자산을 지키되 스스로 파괴할 준비가 필요하고, 스타트업은 룰을 새로 만들고 대기업이 놓친 고객을 집중 공략해야 한다.

이 균형점을 이해하는 순간, 투자자나 시장의 날카로운 질문에 흔들리지 않고 답할 수 있다. "카카오가 하면 어떻게 할 겁니까?" "네이버가 뛰어들면 어떻게 버틸 겁니까?"라는 질문은 "당신의 전략은 대기업의 움직임을 감안하고 있습니까?"라는 점검이다.

답은 단순하다. 대기업이 흉내 내지 못할 속도로 움직이고, 스타트업이 가질 수 없는 자산을 활용하며, 서로 다른 방식으로 승부하겠다는 것이다. 이것이야말로 대기업과 스타트업이 각자 유리한 방식으로 성장하는 길이다.

부의 감각

☑ CEO 체크리스트

스타트업 CEO라면	그렇다	아니다
대기업이 무시하거나 외면한 시장(저가 시장·신시장)에 명확히 집중하고 있는가?		
"이 문제만큼은 이 기업이 누구보다 잘 푼다"라는 집중화 전략이 고객에게 각인되어 있는가?		
대기업의 번들 상품에서 한 기능을 떼어낸 언번들링 전략을 실행하는가?		
기존 게임의 규칙을 깨고 새로운 룰을 정의하는 시도를 하고 있는가?		
제품 - 시장 적합성 검증 이전에도, 빠른 피드백 루프와 피벗을 실행할 문화와 속도를 유지하고 있는가?		

대기업 CEO라면	그렇다	아니다
기존 고객 기반과 유통망을 신기술과 결합해 점진적으로 혁신하고 있는가?		
자기 잠식을 감수하더라도, 미래 시장을 선도할 신제품·신기술 전환을 준비하고 있는가?		
스타트업의 혁신을 인수하거나 파트너십으로 끌어들여 약점을 보완하고 있는가?		
고객의 전환 비용을 높이고, 브랜드 신뢰와 네트워크 효과를 강화하는 해자를 실제로 구축하고 있는가?		
규제나 제도 변화에 '방어'만 하는 것이 아니라, 업계 표준을 선도하려는 전략을 세우고 있는가?		

10

고수의 사업에 담긴

패턴 찾기

고수익 사업은 설계의 결과다. 업의 본질을 정확히 정의하고, 어떤 자산을 허브로 키우며, 어떤 순서로 인접 제품을 붙이고, 얼마에 가격을 정하며, 어떻게 반복 구매를 유도할지 정교하게 설계할 때 장기 현금 흐름이 생겨난다.

사업의 목적이 현금 창출이라면 전략은 현금을 지속적이고 반복적으로 만들어내는 시스템이어야 한다. 아래 질문으로 점검해보라.

- 우리 비즈니스 단위 경제(최소 단위당 발생하는 이익과 비용을 분석해 수익성을 진단하는 것)의 수익성이 건강한가?
- 규모가 커질수록 구조가 더 좋아지도록 설계되었는가?
- 경쟁이 심해져도 무너지지 않을 해자(방어력)가 있는가?

허브 하나로 파이프라인을 늘리는 확장 설계

가장 강력한 고수익 사업의 패턴은 핵심 허브를 압도적으로 키우고 그 위에 인접 제품과 서비스를 얹어 범위의 경제를 확보하는 방식이다.

허브가 커질수록 네트워크 효과가 생기고 신규 파이프라인의 한계비용이 급격히 낮아진다. 허브의 고정비가 이미 깔려 있다면 제품의 공헌 이익이 고정비를 빠르게 상회하여 영업 레버리지가 커진다.

예를 들어 월 고정비 10억 원의 허브에 각기 9억 원과 5억 원의 공헌 이익을 내는 두 파이프라인이 얹히면 총 영업이익은 4억 원이 된다. 이때 두 번째 파이프라인 매출을 20%만 늘려도 영업이익은 25% 이상 증가한다.

사업 확장이 수익을 늘리는지에 대한 판단은 교차 판매율, 고객당 보유 제품 수, 공통 모듈 재사용률이 동시에 상승하는지로 판단한다. 반대로 허브가 약한데 제품만 늘리면 자기매출잠식과 품질 문제로 이익이 잠식된다.

그러면 어떻게 성장해야 수익이 높아질까? 위의 개념을 이해하면 쉽게 예측할 수 있다.

허브를 강화하고, 허브와 가장 인접한 1순위 확장을 붙인 뒤 2순위를 붙인다. 허브의 핵심 요소를 체계화해놓지 않으면 제품이 늘어날수록 중복 개발과 장애 위험이 함께 늘어난다. 가격과 채널은 허브를 '입장권'으로, 인접 제품은 '확장팩'으로 설계하여 자연스러운 고마진 판매와 교차 판매 경로를 만들면 된다.

대체 불가능, 사실상의 표준이 되는 길

두 번째 패턴은 제품의 품질을 매우 높여 사실상의 표준을 만드는 것이다. 이 상황에서 고객은 다른 제품으로 바꿀까 하더라도 기회비용과 위험을 느껴 쉽게 바꾸지 않는다. 한번 연결된 파트너들도 이 관계를 쉽게 끊기 어렵다.

이렇게 되면 동일 성능 대비 가격 프리미엄이 정당화되고, 장기 계약과 선불 구조가 가능해져 현금 전환 주기가 좋아진다. 결제 네트워크, 의료 데이터, 스테이블 코인처럼 국가적 신뢰와 규제가 개입되는 영역에서는 이 효과가 더 크다.

제품 설계에서는 표준을 지키기 위해 성능과 고객을 묶는 록인 전략을 함께 고려해야 한다. 규제 변화는 리스크이자 기회이므로 분기 단위로 규제를 점검하고 시나리오별 대응 상황을 정리한 문서를 만들어두자.

서비스 수준 협약, 가용성, 보상 규정을 계약에 명시해 신뢰를 쌓는다. 이 전략에서 고수익을 유지할 수 있는지에 대한 판단은 경쟁사로 전환하는 비율이 하락하는지, 장기 계약 비중이 증가하는지, 연동 파트너 수가 늘어나는지 등으로 확인한다.

회전율로 이익을 만드는 박리다매형 반복 구매

세 번째 패턴은 박리다매다. 낮은 마진을 높은 회전율과 재방문으로 보완해 총이익을 극대화한다. 식음료와 편의 유통, 생활 구독이나 리필 서비스에서 자주 볼 수 있다. 이 모델의 본질은 가격이 아니라 시간이다. 고객이 처음 가치를 느끼기까지의 시간인 '첫 가치 경험'에 도달하는 시간이 짧을수록 회전이 빨라지고, 대기·지연·불편이 감소할수록 재방문율이 높아진다.

어떤 식당의 좌석이 40개이고 하루 총 회전이 6회이며 평균 주문액이 1만 원이면 하루 매출은 240만 원이 된다. 이때 변동 원가율(판매량이나 생산량에 비례해 변하는 원가의 비율)이 35%이면 매출 원가는 84만 원이고 총이익은 156만 원이다. 일일 고정비가 120만 원이면 하루 영업이익은 36만 원이다. 한 달 중 26일 영업하면 매출 6,240만 원, 총이익 4,056만 원, 영업이익 936만 원이 된다(총이익률 65%, 영업이익률 15%).

승패를 가르는 현장 지표는 피크 시간의 회전 수, 평균 대기 시간, 재방문 주기, 후기 분포다. 동선과 레시피를 표준화하고 수요 예측에 맞춘 교대 스케줄링으로 변동비를 고정비처럼 다루어야 한다.

메뉴는 소용량, 곁들이 메뉴, 세트 구성으로 객단가를 섬세하게 끌어올리고, 대기 시간을 줄일 수 있게 동선과 시스템을 먼저 구축한다.

원가와 인건비가 오를 때는 동적 메뉴와 원가 연동 가격 조정, 피크 시간 프리미엄 라인으로 방어한다. 입지 위험은 배달, 픽업, 사전 주문 채널로 분산한다.

이 모델의 본질은 '빠르게, 똑같이, 실수 없이'를 몇 달 연속 구현할 수 있느냐다.

대규모 초기 투자에서 장기 현금 흐름까지

넷째 패턴은 설비투자를 먼저 한 뒤 장기간 예측 가능한 현금 흐름을 확보하는 방식이다. 통신망, 민자 도로, 구독형 설비, 산업용 서비스형 소프트웨어 인프라가 대표적이다. 회수 기간은 초기 투자 금액을 연간 순현금 흐름으로 나눈 값이고, 내부 수익률과 순현재가치로 타당성을 재확인한다.

초기에 150억 원을 투자하고 연 순현금이 20억 원이면 회수 기간은 150억 원 ÷ 20억 원 = 7.5년이 된다.

구독형 모델은 LTV를 "고객당 평균 매출×총이익률×(1/월 이탈률)"로 계산한다. 예를 들어 고객당 평균 매출이 월 1만 원, 총이익률이 80%, 월 이탈률이 5%라면 LTV는 1만 원×0.8×(1/0.05=20) = 16만 원이 된다. CAC가 4만 원이면 LTV 대 CAC 비율은 4가 되어, 양호하다.

이 패턴의 방어력은 최신 기술 자체보다 돈을 어떻게 마련하고(빚·자본), 계약을 어떻게 맺느냐에서 생긴다. 금리가 오르거나 손님이 줄고(수요 충격), 법이나 규제가 바뀌면 투자금을 회수하는데 시간이 걸린다. 그래서 투자 전후로 '만약 이런 일이 생기면?'을 여러 경우로 가정해 계산 작업을 반복한다.

가격은 물가나 원가가 오르면 함께 조금씩 인상할 수 있게 미리 약속해두는 편이 안전하다. 장기 계약에는 계약을 자동으로 연장할 수 있는 선택권, 최소한 사주기로 한 약속(최소 구매), 서비스가 멈추면 보상하고 잘 지키면 혜택을 주는 규칙(서비스 약속과 보상 규정)을 넣어둔다.

운영에서는 시간이 지나며 설비 가동률이 얼마나 빨리 올라가는지, 고장이 줄면서 유지·보수 비용이 실제로 줄어드는지, 서비스가 중단 없이 잘 돌아가는지 매일 확인한다.

마지막으로, 한번에 크게 투자하는 것보다 수요를 보며 나눠서 단계적으로 투자하는 방식이 투자금 회수 기간을 더 단축시키는 데 유리하다.

기술·운영·가격·브랜드를 동시에 작동시키는 법

4가지 패턴이 잘 작동하는지 살펴보는 기준은 4가지 힘(기술·운영·가격·브랜드)을 얼마나 잘 만들었느냐다. 기술과 새로움을 겸비한 제품은 다른 제품으로 대체할 수 없다.

제품 계획표에는 2가지가 함께 들어가야 한다. 고객이 다른 제품으로 갈아탈 때 드는 수고와 비용을 높이는 기능과 내부 일을 자동화해 비용을 낮추는 기능이다.

비용표를 바탕으로 늘어나는 비용, 거의 안 늘어나는 비용, 구간을 넘을 때 한번에 뛰는 비용을 나눠본다. 그리고 시간·동선·품질을 수치로 환산해 관리하는 매뉴얼을 만들어 일이 정체되는 지점을 파악해 해결한다.

이렇게 하면 돈이 현금으로 돌아오는 속도를 더 빠르게 조정할 수 있다. 재고를 소진하고, 매입·매출 조건을 유리하게 바꾸고, 먼저 돈을 받도록 설계해서, 고객의 지불 의사가 다른 만큼 가격 구간을 나눠서 판다. 기능별 상품이나 묶음 상품, '보통/좋음/최고' 같은 3단 구조로 가운데 선택을 끌어낸다. 업그레이드 때는 불편사항을 제거하고, 다운그레이드 때는 약간의 불편을 남겨 고객 1명당 평균 매출을 지킬 수 있도록 한다.

브랜드 구축을 위해 멤버십과 포인트, 주기적인 알림, 24시간 내 불만 해결 체계를 만들어 단골을 확보한다. 팬이 많은 산업에서는 이런 장치가 이익을 지키는 가장 든든한 방패가 된다.

숫자로 움직이는 조직의 운영 방식

경영은 숫자로 말하고 숫자로 반복한다. 월·주·일, 3단계의 현황판(대시보드)을 돌리는 것이 좋다.

월 현황판에서는 LTV 대비 CAC 비율, 순매출 유지율, 기여이익률, 회수 기간, 현금 전환 주기를 한눈에 본다. 이 5가지가 같이 좋아지는지가 핵심이다.

주 현황판에서는 그룹별 유지율(코호트), 고마진 판매와 교차판매 결과, 가격 실험 결과, 설비·인력 가동 비율을 살핀다.

일 현황판에서는 고객이 처음 가치를 느끼기까지 걸린 시간(첫 가치 경험 시간)을 기준으로 하여, 현장에서 정체되는 구간이 있다면 문제를 바로 해결한다.

매출은 늘어나는데 현금 잔고가 줄어드는 기미가 보이면, 현금 전환 주기를 다루는 전담 팀을 바로 꾸려 재고, 수입과 지출 흐름을 다시 설계해야 한다.

'고수익'이라는 가짜 신호에 속지 않는 방법

보조금이나 할인에 기대 매출이 늘었는데도 그룹별 유지율이 떨어진다면 이는 분명한 경고신호다. 계열사나 가까운 거래처와의 내부 거래로 이익을 부풀린 흔적이 보일 때도 마찬가지다.

설비에 돈을 너무 많이 써서 투자 회수 기간이 늘어나고 이자율 변화에 쉽게 흔들리는 구조가 되었거나, 상위 몇 곳의 고객이나 판매 경로에 매출이 지나치게 쏠린 경우도 위험하다. 매출은 오르는데 현금 흐름이 나빠지는 모습이 보이면 특히 주의한다.

이런 신호가 나타나면 먼저 가격 테스트를 잠시 멈춘다. 그리고 새로 유입되는 고객의 질을 따져보고, 이익 계산은 시장 가격을 기준으로 다시 한다. 큰돈을 한번에 넣는 방식은 피하고, 나눠서 투자하거나 필요할 때만 단계적으로 추가하는 투자로 바꾼다. 고객이나 판매 경로가 집중되어 있다면 계약 조건을 조정하고, 가격을 세분화하며, 새로운 판매 경로를 시험해보아야 한다.

현금이 늦게 돌아오는 문제가 커졌다면, 재고 – 외상 매출 – 외상 매입의 흐름을 처음부터 끝까지 그려보고 어디서 흐름이 막히는지 찾아내야 한다.

이렇게 해야 겉으로만 좋아 보이는 '가짜 고수익'을 걸러내고, 실제로 돈이 남는 구조를 지킬 수 있다.

☑ CEO 체크리스트

질 문	그렇다	아니다
LTV ÷ CAC가 3배 이상이다.		
순매출 유지율이 100%를 지속적으로 넘는다(이상적 110%+).		
기여 이익률이 분기마다 개선된다.		
투자 회수 기간이 업종 기준 안에 들어온다.		
현금 전환 주기가 짧아지고 있다.		
사업의 허브(핵심 자산)가 명확하고 허브 → 인접 순서로 확장한다.		
가격 실험(가격·혜택)을 분기마다 하고, 업그레이드는 쉽고 다운그레이드는 약간 불편하게 설계했다.		
현장 지표(회전수·대기 시간·재방문·첫 가치 경험 시간)를 일·주 단위로 관리한다.		
매출 쏠림이 없다(상위 3개 고객/채널 합계 50% 이하).		
장기 계약에 물가/원가 연동·최소 구매·서비스 보상이 있다.		

저마진 기업은
어떻게 이익을 늘릴까?

　많은 기업이 겉으로는 매출 규모가 커 보이지만, 실제로는 이익이 거의 남지 않는 저마진 구조에 갇혀 있다. 이러한 구조는 기업 운영 피로도를 높이고, 장기적으로는 생존을 위협한다.

　저마진 기업이 살아남기 위해서는 판매량을 늘리는 데만 집중하지 않고, 어떻게 하면 같은 매출에서 더 많은 이익을 남길 수 있을지 고민해야 한다.

　첫 번째로 중요한 전략은 가격이다. 기업 대부분은 가격을 조정하는 데 매우 소극적이다. 그러나 가격은 작은 변화만으로도 이익 구조를 크게 바꿀 수 있는 요소다.

　예를 들어 매출 100억 원에 이익이 10억 원 남는 회사가 있다고 가정해보자. 이 회사가 제품 가격을 단 1%만 올려도 매출은 101억 원으로 늘어나고 이익은 11억 원이 된다. 단순 계산으로 이익이 10% 늘어난 셈이다.

많은 경영자가 가격을 올리면 고객이 떠날 것이라고 우려한다. 하지만 고객은 제품과 서비스에서 느끼는 가치가 충분하다면 약간 인상하는 정도는 충분히 받아들인다.

고객이 납득할 수 있는 상황과 방식으로 세밀하게 조정하는 것이 중요하다. 급한 주문에는 추가 요금을 부과하고, 소량 주문에는 프리미엄을 붙이고, 특수 포장이나 라벨링 같은 부가 서비스는 유료화하는 방식이 그 예다.

가격 1%가 바꾸는 힘

매출액	이익률	기존 이익	가격 1% 인상 후 이익	이익 증가율
100억 원	10%	10억 원	11억 원	+10%
200억 원	5%	10억 원	12억 원	+20%
500억 원	8%	40억 원	45억 원	+12.5%

두 번째 전략은 운영 효율성이다. 저마진 기업 중 상당수는 재고 관리 문제를 겪는다. 과잉생산으로 재고가 창고에 쌓이면 현금이 묶여버리고, 재고가 부족하면 주문을 놓쳐 매출 기회를 잃는다. 심지어 어떤 기업은 재고조차 제대로 파악하지 못한다.

재고를 눈에 보이는 숫자로 관리하는 것이 중요하다. 오래된 재고는 과감히 정리해 현금화하고, 협력 업체와는 필요한 시점에만 자재를 공급받는 계약을 체결해야 한다. 단순한 소프트웨어나 자동화 장비를 도입해 입출고 현황을 실시간으로 파악해야 한다. 이러한 개선은 비용 절감뿐 아니라, 회사 전체의 자금 흐름을 건강하게 만드는 효과를 낸다.

세 번째 전략은 부가가치 창출이다. 가격을 조금씩 올려도 고객이 이탈하지 않게 만들려면, 그만큼 체감 가치가 높아야 한다. 품질을 높여 불량률을 줄이고, 고객 맞춤형 서비스를 제공하며, 생산 이력을 투명하게 공개해 신뢰를 쌓는 것이 좋다.

납품도 중요하지만 물류 서비스를 제공하고 A/S에도 충실하면 고객은 '이 회사 제품은 조금 더 비싸도 쓸 만하다'라고 평가한다. 부가가치가 높아질수록 고객은 기꺼이 더 돈을 내고 기업의 이익률도 개선된다.

업종에 따라 전략을 다르게 적용할 수 있다. 제조업체의 경우 납품 기한이 촉박하거나 소량 주문이 들어올 때 추가 요금을 부과하고, 설비 교체 시간을 줄여 생산 효율을 높이며, 품질 검사 데이터와 추적 보고서를 제공해 고객의 신뢰를 얻을 수 있다.

유통업체라면 묶음 판매를 통해 가격경쟁을 완화하고, 실시간 데이터로 발주를 관리해 불필요한 재고를 줄이며, 당일 배송이나 지정 시간 배송 같은 서비스를 유료화할 수 있다.

서비스업에서는 기본 컨설팅 비용을 정가로 설정하되 심층 분석 리포트나 추가 워크숍을 옵션으로 판매할 수 있다. 반복적인 업무를 자동화해 비용을 줄이고, 사후 관리 프로그램을 구독형으로 제공해 안정적인 수익원을 만든다.

저마진 기업이 살길은 매출 증대 이외에 가격을 세밀하게 설계하고, 운영에서 낭비를 줄이며, 고객에게 더 큰 가치를 주는 데 있다. 이 모든 변화를 말로만 끝내지 않고 실제 현장에서 하나씩 실행하는 것이 중요하다.

이러한 작은 조치가 쌓이면 회사는 저마진 구조에서 벗어나고, 더 안정적이고 건강한 이익 구조를 만들어낼 수 있다.

✓ **CEO 체크리스트**

질문	그렇다	아니다
우리 제품의 가격을 조금 올려도 유지되는 고객이 있는가?		
재고가 현금으로 얼마나 묶여 있는가? 오래된 재고는 정리했는가?		
직원이나 설비에서 낭비되는 부분은 없는가?		
고객이 '조금 더 비싸도 괜찮다'라고 느낄 만한 부가가치가 있는가?		
매출 중심이 아니라, 실제 이익 중심으로 관리하고 있는가?		

12

가격 전략을 바꾸면

이익률이 높아진다

기업 경영에서 가장 중요한 변수 중 하나는 가격이다. 많은 경영자가 이익을 높이는 방법으로 비용 절감을 먼저 고려하지만, 실제로는 가격 관리가 더 큰 영향을 미친다. 원가는 줄일 수 있는 한계가 명확하다. 하지만 가격은 작은 변화만으로도 이익율과 기업가치에 큰 차이를 만들어낸다.

가격과 기업가치는 밀접한 관계가 있다. 30억 원짜리 아파트를 28억 원에 팔아서야 되겠는가. 기업도 마찬가지다. 1천억 원의 가치를 지닌 회사를 가격 전략을 잘못 운영해 900억 원 이하에 팔아야 한다면 수백억 원의 손실이 발생한다.

미국 S&P 500 기업을 대상으로 한 연구에 따르면 가격을 단 1% 인상했을 때 영업이익이 평균 11% 증가했다.

매출이 100억 원이고 비용이 90억 원인 기업을 예로 들어보자. 이익은 10억 원인데, 가격을 1% 인상하면 매출은 101억 원으로 늘어나고 이익은 11억 원이 된다.

겉보기에는 1억 원 차이에 불과하지만, 이익률은 10% 증가한 것이고, 순이익의 10배를 기업가치로 보는 일반적 관례를 적용하면 기업가치는 100억 원에서 110억 원으로 뛰게 된다. 가격의 작은 변화가 기업 전체의 시세를 바꾸는 것이다.

구분	매출액	비용	이익	기업가치 (PER 10배)	변화
가격 인상 전	100억 원	90억 원	10억 원	100억 원	-
1% 인상	101억 원	90억 원	11억 원	110억 원	+10억 원
3% 인상	103억 원	90억 원	13억 원	130억 원	+30억 원
5% 인상	105억 원	90억 원	15억 원	150억 원	+50억 원

가격 전략 3가지

① 원가 기반 가격

원가에 일정 마진을 붙여 가격을 책정하는 가장 단순한 방식이다. 계산이 쉽고 손해를 보지 않는다는 장점이 있지만, 고객이 체감하는 가치를 반영하지 못한다는 한계가 있다.

② 경쟁 기반 가격

경쟁사의 가격 수준을 기준으로 비슷하거나 약간 낮게 설정하는 방식이다. 시장점유율을 유지하는 데는 유리하지만, 차별성이 사라져 출혈 경쟁에 빠질 위험이 있다.

③ 가치 기반 가격

고객의 실제 체감 가치를 기준으로 가격을 책정하는 방식으로, 가장 이상적이면서도 이익률 개선 효과가 크다. 고객이 어떤 제품을 통해 100만 원의 효용을 얻는다면 90만 원을 지불하더라도 충분히 수용할 수 있다.

가격 전략 적용 방식은 업종별로 다르다. 제조업에서는 기술 독점이 가능한 초기에 가격을 높게 책정하는 전략을 사용해 이익을 극대화하고, 경쟁이 붙으면 가격을 낮추는 방법을 쓴다. 반도체 산업에서 일본 기업이 주로 사용했던 방식이다.

서비스업은 수요 기반 가격과 묶음 가격 전략을 활용한다. 호텔이나 항공사는 성수기와 비수기에 따라 가격을 조정하고, 헬스장이나 학원은 장기 등록이나 패키지 판매를 통해 고정 수익을 확보한다.

플랫폼 기업은 초기에는 무료 혹은 저가 전략으로 시장을 빠르게 점유하고, 점차 가격을 올리거나 프리미엄 서비스를 유료로 전환한다. 배달 앱이나 넷플릭스의 전략이 대표적이다.

리테일 산업은 소비자의 심리를 활용한다. 1만 원보다 9천 9백 원이 싸게 느껴지는 심리적 가격이나, 명품 브랜드처럼 가격을 지속적으로 인상해 희소성과 가치를 강조하는 전략이 여기에 속한다.

가격은 브랜드 포지셔닝과 직결된다. 저가 전략을 쓰면 시장점유율 확대에는 도움이 되지만 대중적이고 보급형 브랜드로 인식된다. 고가 전략은 판매량이 적더라도 프리미엄과 희소성 이미지를 구축할 수 있다.

중요한 것은 기업이 어느 위치에 있는지, 고객이 그 브랜드를 어떤 수준에서 받아들이고 있는지 명확히 이해하고, 이에 맞는 가격 전략을 운영하는 것이다.

가격 전략을 성공적으로 운영하기 위한 원칙이다.

- 고객이 느끼는 가치를 기준으로 가격을 책정해야 한다.
- 가격은 원자재, 환율, 경쟁 구도, 수요 변화를 반영해 민첩하게 관리해야 한다.
- 가격을 변경할 때는 반드시 이유와 향상된 가치를 설명해 고객과의 신뢰를 지켜야 한다.
- 무의미한 가격경쟁에서 벗어나기 위해 제품과 서비스의 차별화를 강화해야 한다.
- 직관이 아닌 데이터를 기반으로 가격을 결정해야 한다. 고객의 지불 의사, 가격 탄력성, LTV 등을 수치로 파악하고 활용하는 것이 중요하다.

이익률 개선의 가장 강력한 무기는 원가 절감이 아니라 가격 관리다. 단 1%의 가격 변화가 기업의 이익률을 10% 이상 개선할 수 있으며, 이는 기업가치 상승으로 이어진다.

경영자는 단기 매출을 위해 무조건적인 가격 인하에 의존하는 대신, 고객이 수용할 수 있는 숨은 여력을 발굴하고 가치 기반 가격 전략을 통해 기업가치를 극대화해야 한다.

부의 감각

가격을 잘 지키면 기업의 시세를 지킬 수 있다. 이 감각을 지닌 기업만이 시장에서 신뢰를 유지하며 장기적으로 살아남고 성장할 수 있다.

✅ **CEO 체크리스트**

질 문	그렇다	아니다
고객이 체감하는 가치에 맞춰 가격을 책정하고 있는가?		
원자재, 환율, 수요 변화에 따라 가격을 정기적으로 검토하는가?		
가격 인상 시 명확한 이유와 향상된 가치를 설명하는가?		
단순한 가격경쟁 대신, 기술·품질·브랜드로 차별화하고 있는가?		
고객 지불 의사, 가격 탄력성, LTV 등을 분석해 가격을 결정하는가?		

13

지금의 성공은
내일의 약점이 된다

2022년 말, 오픈AI의 챗GPT가 세상에 등장하자 전 세계는 충격을 받았다. 검색창에 단어를 입력해 결과를 보는 시대가 질문만 던져도 AI가 문장을 만들어주는 시대로 넘어가는 순간이었다.

이때 큰 위기를 맞은 기업은 아이러니하게도 AI 연구의 선구자였던 구글이다. 구글의 매출 80% 이상은 검색 광고에서 나오는데, 사람들이 더 이상 검색창을 사용하지 않고 AI에 질문한다면 핵심 사업이 위태로워질 수 있었다. 투자자들은 곧바로 반응했고, 구글 주가는 큰 폭으로 떨어졌다.

그러나 구글은 이 위기를 정면 돌파하기로 했다. 많은 사람은 구글이 기존 광고 매출을 잃을까 두려워서 AI 혁신을 미루리라 생각했다. 실제로 구글은 거대한 조직이었기에 내부 프로세스가 복잡해 의사 결정에 오랜 시간이 걸렸다. 하지만 구글은 이 약점을 깨는 전략을 택했다.

챗GPT가 등장하자 구글은 코드 레드, 즉 비상경계 상황을 선포했다. 최고 경영진은 스타트업처럼 속도를 내자고 강조했다. 최고개발책임자에게는 100일 안에 경쟁 제품을 내놓으라는 임무가 주어졌다. 구글처럼 거대한 기업이 100일 프로젝트를 실행하는 것은 불가능해 보였지만, 그 일은 현실이 되었다.

구글은 AI 연구 조직이었던 구글 브레인과 딥마인드를 통합해 역량을 한곳에 집중시켰다. 사내 최고 인재 100명이 AI 개발을 위해 긴급 투입되었다. 더불어 1만 2천 명을 줄이는 구조 조정도 단행해 조직의 몸집을 가볍게 만들었다.

이 과정에서 구글은 교훈을 얻었다. 큰 조직이라도 위기가 오면 스타트업처럼 움직일 수 있다는 것이다. 다만 첫 결과물 '바드'는 기대에 미치지 못했다. 성능이 부족하다는 비판이 쏟아졌고 주가는 또다시 하락했다. 하지만 구글은 여기서 멈추지 않았다. 실패를 감추지 않고 발판으로 삼아 속도를 높였다. '워룸'이라는 상황실을 운영해 문제를 실시간으로 수정했고, 차세대 모델 '제미나이'를 개발했다.

제미나이는 2023년 말 공개되었다. 일부 성능은 GPT-4를 능가한다는 평가를 받았다. 구글은 과감히 '바드'라는 이름을 버리고 '제미나이'로 브랜드를 통합했다. 결정적으로 자사 광고 매출을 잠식할 수 있다는 위험을 무릅쓰고 구글 검색 서비스에 'AI 오버뷰'를 도입했다. 사용자가 검색창에 입력하면 웹사이트를 클릭하지 않아도 AI가 요약된 답변을 제공하는 기능이었다. 이는 구글이 그토록 두려워하던 자기 잠식 문제를 정면으로 돌파한 결과였다.

구글은 여기서 멈추지 않았다. 제미나이를 지메일, 워크스페이스, 클라우드 등 자사 주요 서비스 7곳에 빠르게 적용하면서 수익화 속도를 높였다. 동시에 비밀 병기인 유튜브 데이터를 활용해 비디오 생성 AI 'Veo 3'를 내놓았다. 이 AI는 4K 고화질 영상을 만들고, 여러 나라의 언어를 자연스럽게 지원하며, 영화 같은 카메라 앵글까지 구현할 수 있었다. Veo 3는 오픈AI의 '소라'가 장악하던 비디오 AI 시장을 흔들었다. 검색 분야에서 위협받던 구글이 비디오 AI의 공격자로 변신한 셈이다.

이 과정을 통해 구글은 중요한 교훈을 남겼다.

약점을 먼저 제거해야 한다. 오픈AI가 공격하려 했던 구글의 약점은 조직의 관성과 자기 잠식의 공포였다. 하지만 구글은 그 약점을 스스로 깨면서 기회를 만들었다.

실패를 두려워하지 않아야 한다. 바드의 실패는 제미나이를 만드는 데 디딤돌이 되었다.

강점을 결합해야 한다. 구글은 방대한 데이터 인프라, TPU 하드웨어, 유튜브 데이터라는 강점을 AI 신무기와 연결해 시장을 장악했다.

빠른 속도를 조직문화로 바꿔야 한다. 거대한 기업이 스타트업처럼 달릴 수 있다는 것을 증명했다.

구글이 보여준 혁신의 본질은 하나다. 지금의 성공이 곧 내일의 약점이 될 수 있다는 사실이다. 나의 약점을 내가 먼저 무너뜨리는 순간부터 다음 시대의 기회가 열린다.

이 사례는 모든 산업의 CEO에게 교훈을 준다. 자동차 회사라면 내연기관 매출을 지키려는 유혹 대신 전기차로 전환하는 용기가 필요하다. 금융회사라면 창구 수수료를 지키기보다 디지털 뱅킹을 앞세워야 한다. 커머스 플랫폼이라면 단발성 매출에 집착하지 말고 구독 모델로 전환해야 한다. 제조업체라면 인력 구조를 지키려는 관성을 버리고 스마트 팩토리로 나아가야 한다.

구글은 자기 잠식의 두려움을 먼저 깼기에 시장의 지배자로 복귀할 수 있었다. AI를 검색엔진의 부속물이 아니라 사용자 인생의 코치로 만들겠다는 구글의 전략은 앞으로도 계속될 것이다.

✓ **CEO 체크리스트**

질 문	그렇다	아니다
우리 회사의 핵심 매출원은 무엇인가? 이 매출원이 새로운 기술이나 시장 변화에 의해 위협받을 가능성은 없는가?		
만약 기존 사업이 잠식될 위험이 있다면, 스스로를 파괴할 용기가 있는가? 경쟁자보다 내가 먼저 움직일 준비가 되어 있는가?		
100일 안에 새로운 제품이나 서비스를 내놓으라는 목표가 주어졌을 때 실행할 수 있는가?		
최근 실패한 프로젝트는 무엇인가?그 실패를 다음 성공의 발판으로 삼았는가?		
내가 가진 독점적 자산은 무엇인가? 고객 데이터, 브랜드, 인프라 같은 자산을 새로운 기술과 결합해 활용하고 있는가?		
조직 내부에 불필요한 관성이나 보고 체계는 없는가? 이로 인해 의사 결정 속도가 늦어지고 있지는 않은가?		
나의 성공이 내일의 약점이 되지 않도록 지금 제거해야 할 위험 요소는 무엇인가?		

부의
수명을
늘리는 법

3

1

인간의 수명은 유한해도

기업의 수명은 무한할 수 있다

인간의 수명은 유한하다. 아무리 건강해도 100년 남짓, 그마저도 절반은 시행착오와 싸움으로 지나간다. 그러나 기업은 다르다. 기업은 인간이 만든 '시간을 이길 수 있는 구조체'다. 사람은 떠나지만 구조는 남는다.

창업자가 사라져도 그가 설계한 구조는 작동하고, 그 구조가 부를 창출하며, 그 부가 다시 사람을 움직이고 세상의 발전에 기여할 수 있다.

이것이 기업의 위대함이다. 기업은 인간이 남길 수 있는 가장 강력한 생명체다. 기업은 창업자의 의지를 실현하고 유치하는 존재가 될 수 있다.

나는 창업자들에게 기업에 영원을 불어넣어 보라고 권한다. 기업 승계의 차원을 넘어, 기업을 통해 인간의 정신적 생명을 연장하는 일로 말이다. 기업이 영원할 수 있다고 생각하면 기업

을 바라보는 시선의 높이가 달라진다. 시선의 높이가 달라지면
전략이 바뀌고, 미래도 달라진다.

기업을 통해 시간을 뛰어넘는 창업자

창업자는 처음엔 자신의 시간을 팔아 돈을 번다. 하루를 쪼개
일하고 주말을 반납해 회사를 키운다. 하지만 이 단계를 넘어가면
시간을 파는 것을 넘어 시간을 복제할 수 있는 존재가 된다.

내가 없어도 고객이 찾아오고, 내가 자고 있어도 매출이 일
어나며, 내가 잠시 멈춰도 시스템이 돈을 벌어준다. 그때 기업
은 창업자의 시간을 뛰어넘어 작동하는 존재가 된다. 노동이 아
니라 구조가 부를 창출하고, 창업자의 감이 아니라 시스템이 부
를 만들어낸다.

이 맛을 한번 느끼면 '기업이 창업자의 생애를 뛰어넘어 생
존할 수 있겠구나'라는 확신이 생긴다. 내가 만든 기업이 나의
생애를 넘어설 수 있다는 생각이 들면 생각과 행동이 바뀐다.
성공은 한순간이지만 존속은 시대를 넘어선다. 기업이 살아남
으면 창업자의 이름은 역사에 새겨진다.

"이 기업은 누가 만들었는가."

세월이 흘러도 이름이 언급된다면, 그 창업자는 시간을 뛰
어넘은 것이다.

구조를 남기는 경영

많은 경영자는 좋은 사람을 키우겠다고 말한다. 결심은 좋지만 사람은 상황의 동물이기에 언젠가 떠난다. 그러나 구조는 남길 수 있다.

좋은 경영자는 사람을 남기지만, 위대한 경영자는 구조를 남긴다. 사람이 바뀌어도 수익이 흔들리지 않고 시장이 변해도 현금이 멈추지 않는 구조. 경영자의 진짜 야심이 닿아야 할 곳이다.

회사의 진짜 실력은 '사람이 있을 때 잘되는가'가 아니라 '사람이 없어도 돌아가는가'로 증명된다. 창업자가 없어도 부가 창출된다면 그 기업은 살아 있는 것이다. 그 구조가 완성되는 순간, 창업자는 단순한 사장이 아니라 시대를 설계하는 존재가 된다.

위대한 예술 작품이 예술가가 세상을 떠난 뒤에도 감동을 주듯, 기업도 창업자보다 오래 살아남을 수 있다. 단, 2가지 핵심 조건이 있다.

첫째, 현금이 계속 창출되어야 한다. 아무리 좋은 사상을 지니고 있어도 현금이 창출되지 않으면 기업의 숨은 멎는다. '부의 감각'이 중요한 이유다.

둘째, 시대 변화에 따라 기업이 계속 진화해야 한다. 철학은 방향을 지켜주되, 형태는 끊임없이 바뀌어야 한다. 진화를 멈추는 순간 기업은 늙어버리며 결국 소멸한다.

나는 가능성 있는 창업자들에게 "기업이 영원히 살아남는 방법을 고민해보라"고 말하고 싶다.

그 순간부터 경영은 단순한 비즈니스가 아니라 시간을 넘어서는 창조 행위로 승화된다.

2

뛰어다닐 것인가,
앉아서 돈을 벌 것인가?

사업가는 크게 2가지 유형으로 나눌 수 있다. '뛰어다녀야 하는 경영자'와 '앉아 있어도 돈이 쌓이는 경영자'다. 이 둘의 가장 큰 차이는 돈을 버는 방식에 있다.

두 방식 중 어느 한쪽이 옳고 그른 것은 아니다. 특히 창업 초기에는 반드시 뛰어야 한다. 가만히 있는 신생 업체에 일을 줄 리는 없다. 나 역시 창업 초기에는 누구보다 많이 뛰었다. 한국의 한 대기업에서 최초로 여성 CEO를 맡았던 분도 운동화를 신고 뛰어다니는 것으로 유명했다.

그러나 창업 초기의 위기를 넘기면, 점차 '앉아 있어도 돈이 들어오는 구조형 경영자'로 진화해야 한다. 이 진화에 성공하면 비로소 더 큰 번영과 자유를 누릴 수 있다.

이제 '뛰어다녀야 하는 경영자'와 '앉아 있어도 돈이 쌓이는 경영자'의 차이 그리고 진화 방법을 살펴보자.

부의 감각

뛰어야 하는 창업 초기

처음 사업을 시작하면 모든 것이 불안정하다. 시장은 낯설고 고객은 적으며 제품은 미완성이다. 이 시기에 사장은 누구보다 빠르게 움직여야 한다. 직접 고객을 만나고, 시장의 반응을 체험하고 직원보다 먼저 출근해 가장 늦게까지 현장을 지켜야 한다.

어찌 보면 '근로자형 경영자'의 모습이지만 초기에는 이 방식이 정답이다. 이 시기에 경험을 축적하고 시장의 패턴을 발견하는 것이 무엇보다 중요하다.

직접 뛰어야 고객의 진짜 언어를 들을 수 있고, 직접 문제를 해결해야 사업의 본질적 구조가 보인다. 하지만 '뛰는 시기'가 한없이 계속되면 안 된다.

흐름을 설계하는 시기의 조건

사업이 자리를 잡아가면 사장의 역할은 달라진다. 이제는 몸이 아니라 사업 구조가 일하도록 만들어야 한다. 회사가 커졌는데도 사장이 여전히 현장에서 뛰고 있다면 더 진화해야 하는 시기가 온 것이다.

그러기 위해서는 '돈이 흘러 들어오는 길'을 설계해야 한다. 고객이 스스로 찾아오고, 제품이 자동으로 팔리며, 직원이 스스로 판단하고 움직이게 하는 구조를 만드는 것이다.

예를 들면 구독 모델로 반복 매출을 만드는 구조, 고객이 고객을 데려오는 추천 시스템, 데이터를 기반으로 운영되는 자동 보고 체계다. 이런 구조들은 '앉아 있어도 돈이 쌓이는 경영자' 의 토대가 된다.

뛰는 경영자와 구조를 설계하는 경영자의 차이

근로형 경영자는 하루의 성과를 '노력의 양'으로 재지만, 구조형 경영자는 하루의 성과를 '구조의 작동 결과'로 평가한다. 전자는 '오늘 얼마나 뛰었는가'를 돌아보고, 후자는 '오늘 얼마나 쌓였는가'를 확인한다.

열심히 뛰어다닌 경영자는 누구보다 성실하게 사업에 임해 기업을 일으킨 주역이다. 하지만 영웅처럼 뛰던 시절을 지나 설계자로 진화해야 한다. 이 차이가 부의 구조를 바꾸고, 결국 경영자를 자유롭게 한다.

구조형 경영자로 진화하는 방법

① 현금 흐름 파악

돈이 어디서 들어오고 어디에서 새는지 정확히 알아야 한다. 현금의 흐름이 눈에 보이면 통제할 수 있게 된다. 그것이 가능한 경영자는 절반의 자유를 얻은 사람이라 할 수 있다. 만약 통제하지 못하면 절반은 지고 들어가는 게임을 하게 된다.

② 반복 가능한 매출 구조

매번 새 고객을 끌어오는 대신 유지·구독·재구매 비율을 높여야 한다. 반복 매출이 생기면 돈은 '노동의 결과'가 아닌 '구조의 결과'가 된다.

③ B2C 매출 기반 확보

기업이 장기적으로 성장하기 위해서는 최종 소비자와 직접 연결되는 통로를 만들어야 한다. 도매·납품 중심 B2B 모델은 안정적이지만 성장 한계가 있다.

B2C 구조를 갖춘 기업은 브랜드 자산을 직접 축적하고, 소비자 데이터를 기반으로 혁신을 이어갈 수 있다. 직접 판매 채널, 온라인 플랫폼, 구독 커뮤니티 등이 이 단계의 핵심이다.

④ 강력한 브랜드 리더십 구축

브랜드는 구조의 최상위 자산이다. 가격을 결정하는 힘이자, 고객이 자발적으로 찾아오게 만드는 '보이지 않는 영업사원'이다.

브랜드 리더십이 생기면 팔지 않아도 팔리는 구조로 전환된다. 브랜드를 만들려면 단순한 노출보다 회사의 권위를 키우는 데 집중해야 한다.

⑤ 사장이 없어도 돌아가는 조직 설계

지시와 책임으로 움직이는 조직은 결국 성장의 한계를 맞는다. 강력한 인센티브가 사람을 움직이게 만들어야 한다. 조직원이 자신의 이익을 위해 스스로 움직일 때, 사장은 '미래를 설계하는 시간'을 확보할 수 있다. 이때 경영자는 비로소 '자유 속의 성장'을 경험한다.

구분	근로자형 경영자	구조형 경영자
시간의 개념	일한 만큼 버는 구조	구조가 돌아가며 돈이 쌓이는 구조
매출의 원천	사장의 노동과 현장 의존	시스템·브랜드·구독 등 자동화된 흐름
고객 관계	단기 거래 중심, 새 고객 의존	브랜드 중심의 장기 유지 구조
경영자의 초점	문제 해결과 실행 중심	구조 설계와 시스템 점검 중심
조직 운영	명령·관리형 (사장 의존)	자율·데이터 기반 (사장 부재 시에도 작동)
결과	바쁜 성공, 피로한 성장	지속 가능한 번영과 자유 시간

매출의 착각에서 벗어나야

부가 쌓인다

이익 중심의 목표 관리가 조직의 건강을 결정한다. 많은 경영자가 여전히 매출 중심 사고에 갇혀 있다. '이번 분기 매출을 30% 올리자' '다음 달 목표 매출은 10억 원이다'와 같은 구호를 외치지만, 그 결과가 실제로 기업을 더 강하게 만들었는지 냉정히 돌아보는 경우는 드물다.

매출은 중요하다. 하지만 매출은 단지 활동의 크기를 보여줄 뿐이다. 기업의 생존을 결정짓는 것은 얼마를 벌었는가가 아니라, 얼마를 남겼는가다. 기업의 진짜 목표는 이익 그리고 현금의 창출이어야 한다.

매출 목표의 함정

마케팅 임원을 뽑을 때 매출 목표 중심으로 대화하면 다음과 같은 질문이 따라온다.

"제가 쓸 수 있는 광고 예산은 얼마인가요?"

매출 중심의 경영은 단기적으로는 활력을 준다. 하지만 시간이 지나면 회사의 체력을 갉아먹는 부작용을 낳는다. 매출을 늘리기 위해 과도하게 할인하고, 불필요한 광고비를 지출하며, 무리하게 인력을 투입하면서 이익률이 낮아지는 경우가 많다.

겉으로는 매출이 늘어나는 것처럼 보여도 내부적으로는 현금이 마르기 시작한다. 결국 기업의 현금 흐름표에는 진실이 적나라하게 드러난다.

"매출이 늘었는데 왜 통장에 돈이 없지?"

이 질문을 던지는 순간이, 대부분 기업에서 위기가 시작되는 시점이다.

이익 중심의 목표 설정이 만드는 건강한 조직

이익 중심의 목표 관리를 도입하면 조직의 행동이 근본적으로 달라진다. 영업 팀은 '얼마를 팔았는가'가 아니라 '얼마를 남겼는가'에 집중하게 되고, 마케팅 팀은 '광고 도달수'가 아니라 '전환 당 비용CPA'을 계산한다. 생산 팀은 납기를 맞추는 것뿐 아니라 '불량률'과 '재고자산 회전율'을 함께 고려한다.

이익 중심의 문화에서는 구성원 개개인이 회계 감각과 경영 감각을 갖추게 된다. 이익을 중심으로 사고하면 부서 간 협업 시의 긴장도 자연스럽게 형성된다. 모두가 총이익 극대화라는 한 방향을 바라보고 있어서다.

이익 중심 체제에서 가능한 건강한 인센티브

매출 중심의 인센티브는 단기 성과를 왜곡시키기 쉽다. 한 부서는 매출을 올렸다고 자축하지만, 다른 부서는 그 주문을 처리하느라 적자를 내는 일이 흔하다. 조직 전체로 보면 오히려 손해를 보고 있는데 일부 부서만 보너스를 받는 구조는 시간이 갈수록 팀 간 불신을 낳는다.

이익 중심의 인센티브 제도는 많은 문제를 구조적으로 해결할 기회를 준다. 특히 총이익 대비 인센티브 비율로 기준을 세우면 모든 부서가 효율적 협업을 고민하게 된다. 이익이 늘면 모두가 행복해지고, 이익이 줄면 함께 개선 방안을 찾게 된다. 그 과정에서 회사는 자연스럽게 '자정 능력'과 '조정 감각'을 키우게 된다.

기업의 목적: 최종 현금 창출

경영학 교과서에는 기업의 목적을 다양하게 정의한다. 하지만 모든 정의는 한 줄로 수렴된다. '현금성 이익은 창출하는 것.' 현금이야말로 기업의 혈액이다.

이익은 장부상의 숫자이고 현금은 실제 생존의 증거다. 경영자는 회계상 이익보다 현금으로 남는 이익을 중시해야 한다. 이 현금을 중심으로 회사 전체가 의지를 모으고 묘안을 찾아야 한다. 그래야 매출과 비용이라는 복잡한 함수를 조직이 함께 풀어나갈 수 있다. 함수의 해답은 다음 한 줄로 정리된다.

"얼마를 벌었는가가 아니라, 얼마를 남겼는가?"

부의 감각을 키우는 경영

이익 중심 사고는 부의 감각의 핵심이다. 부의 감각이란 돈이 '움직이는 방향'을 감지하고 그 흐름을 자신에게 유리하게 구조화하는 능력이다.

경영자가 이익 중심으로 사고하면 조직은 자연스럽게 효율을 배우고, 위험을 줄이는 방향을 추구한다. 결국 지속 가능한 부의 구조를 갖추기 위해 노력하게 된다.

기업의 경쟁력은 화려한 마케팅이나 거대한 매출에서 비롯되지 않는다. 경쟁력의 본질은 이익 중심으로 사고하고, 이익을 남기기 위해 움직이는 문화에서 비롯된다. 이익을 남기는 회사는 언제나 다음 기회를 스스로 창조할 수 있다. 그러지 못하는 회사는 아무리 매출이 높아도 기회를 얻지 못한다.

매출은 회사를 '보이게' 하지만, 이익은 회사를 '살게' 만든다. 이익 중심의 목표 관리를 통해 회사의 목적, 인사 정책, 인센티브 제도를 근본적으로 재설계해야 한다. 그것이 기업이 시간을 이기는 구조로 진화하는 첫걸음이다.

4

다각화를 잘하면
기업의 수명이 연장된다

기업의 성장은 긴 마라톤이다. 한 시대를 풍미한 기업이라도 단일 제품이나 특정 시장에 과도하게 의존하다 보면 경영 환경의 변화를 따라가지 못해 한순간에 무너지는 경우가 많다.

경영의 본질은 '얼마나 성장하느냐'뿐만 아니라 '얼마나 오래 살아남느냐'에도 있다. 기업의 수명을 연장하기 위해 필요한 것이 다각화, 즉 새롭지만 관련된 사업을 추가하는 일이다.

다각화는 하나의 시장이나 제품에 의존하지 않는 구조를 설계하는 일이다. 기업의 생명은 현금 흐름에 달려 있다.

소수 제품만 취급하는 회사는 한 제품의 수요가 급격히 줄거나 특정 고객군이 이탈하면 현금의 흐름이 막히고 곧바로 위기를 맞는다. 다각화는 이러한 일이 생기지 않도록 현금 흐름의 '혈관'을 여러 갈래로 만들어준다.

잘못된 다각화, 올바른 다각화

다각화를 실패로 이끄는 가장 큰 오해는 '많이 벌리는 것이 안전하다'라는 착각이다. 하지만 다각화의 핵심은 정렬Alignment이다. 좋은 다각화는 핵심 역량을 중심으로 확장된다. 나쁜 다각화는 본질과 무관한 영역으로 무작정 뻗어가는 양상을 띤다.

한 식품 회사가 갑자기 부동산이나 학원 사업을 시작하는 것이 다각화일까? 아니다. '집중력의 분산'이다. 조직의 자원, 리더의 시간, 현금의 흐름이 모두 흩어지게 만드는 결정이다.

나이키의 다각화는 모범적인 사례다. 운동화에서 출발했지만 '운동하는 인간의 삶 전체'라는 철학 아래 의류, 웨어러블, 앱, 콘텐츠로 확장했다. '제품'이 아니라 '경험'을 중심으로 한 다각화다. 이처럼 일관성 있는 핵심 가치를 추구할 때 다각화는 혼란이 아니라 시너지를 낳는다.

쇠퇴기에 대응하는 성장기

다각화는 기업이 정체되었을 때 어쩔 수 없이 대안을 찾는 것이 아니라, 기업이 성장하고 있을 때 의도적으로 한 발 앞서 실행해야 한다. 회사 성장 시기에는 매출과 인력이 늘어나는데, 그 과정에서 형성된 조직문화와 의사 결정 패턴이 조직을 경직시킨다. 따라서 성장기에 새로운 사업을 실험해두어야 조직이 '변화에 대한 근육'을 키울 수 있다.

스타벅스는 커피 브랜드에서 출발했지만 커피 판매로 얻은 고객 데이터를 활용해 굿즈, 리워드 멤버십, 구독형 커피, 은행 기능까지 사업을 확장했다. 이 모든 다각화는 스타벅스가 매출이 정체되기 전에 실행한 전략이다. 결과적으로 커피 시장이 성숙기에 접어들어도 스타벅스는 '커피'가 아니라 '경험'을 파는 기업으로 진화해 살아남을 수 있다.

시너지와 독립성의 균형

다각화 성공의 핵심은 시너지와 독립성의 균형점이다.

시너지는 기존 사업과의 연결을 통해 더 큰 효율과 부가가치를 창출하는 힘이다. 현대자동차는 차량 판매뿐 아니라 모빌리티 플랫폼, 전기차 충전, 에너지 솔루션 등으로 확장했다. 하나의 고객 여정 안에서 모든 서비스를 제공함으로써 브랜드 충성도와 수익성을 동시에 높이고 있다.

독립성은 새로운 사업이 본업의 실패에 휘둘리지 않게 하는 장치다. 구글은 검색 광고라는 거대한 캐시카우를 보유하면서도 유튜브, 클라우드, 안드로이드, 자율주행 등 완전히 다른 비즈니스 라인을 통해 리스크를 분산했다. 사업의 한 영역이 흔들려도 전체 기업이 흔들리지 않는 이유다.

시너지와 독립성, 이 두 축이 균형을 이루면 기업은 내부 시너지를 극대화하면서도 외부 충격에 대한 복원력을 유지할 수 있다.

다각화 구조 설계

다각화는 감이나 직관으로 접근할 수 있는 영역이 아니다. 체계적인 분석과 실행 절차가 필요한 영역이다.

1단계: 핵심 역량 진단

기업의 기술, 고객, 브랜드, 데이터, 공급망 중 어떤 요소가 다른 산업에서도 경쟁력을 확보할 수 있는지 분석한다.

예 제조 기업 → 공정기술을 활용한 자동화 솔루션

교육 기업 → 콘텐츠 IP를 활용한 HR 테크 진출

2단계: 인접 영역 탐색

본업과 유사한 고객군, 유통 채널, 가치사슬을 지닌 인접 시장을 찾는다. 이 단계의 다각화는 리스크가 낮고 시너지가 높다.

예 식품 → 건강식품 → 헬스 케어 → 헬스 데이터

3단계: 소규모 실험Pilot

모든 자원을 투입하기 전에 소규모 MVP(최소 기능 제품)를 만들어 시장의 반응을 선제적으로 관찰한다. 이 단계에서 PMF을 확인해야 한다.

4단계: 조직 구조 재설계

다각화된 사업이 기존 조직의 관성에 묶이지 않도록 별도의 KPI, 인사 체계, 평가 방식을 도입한다. 특히 신사업 조직은 본사의 기준보다 '속도' 중심의 운영 구조가 필요하다.

5단계: 자본 배분의 원칙 설정

모든 사업에 같은 비중으로 투자받을 필요는 없다. 핵심 사업은 안정적 수익 창출용으로, 신사업은 미래 성장 실험용으로 명확히 구분해야 한다. 자본 배분의 원칙이 없으면 다각화는 자원의 소모적 분산으로 귀결된다.

단계적 다각화 실행

다각화는 순서를 잘 지키는 것이 중요하다. 본업이 완성되지 않은 상태에서 확장을 시도해봤자 기업의 내부 역량만 소모된다. 한 스타트업은 본업의 수익 구조를 확립하기도 전에 NFT·메타버스·글로벌 확장을 동시에 시도했다가 모든 프로젝트를 중단하기도 했다.

순서대로 하지 않으면 다각화는 생존이 아니라 붕괴를 앞당긴다. 핵심 사업이 현금 흐름을 안정적으로 창출한 후, 그 현금을 재투자하여 새로운 실험을 반복해야 한다. 다각화의 성공은 속도의 문제가 아니라 순서의 문제다.

부의 감각

시간 자산 창출

기업의 수명은 제품의 수명보다 길어야 한다. 제품이 사라져도 브랜드와 조직이 살아남을 수 있어야 한다. 이것이 다각화의 궁극적 목적이다.

한때 필름 카메라 시장을 지배했던 코닥은 디지털 사진 기술을 보유하고도 전환을 미루다 몰락했다. 반면 IBM은 하드웨어 중심에서 소프트웨어와 컨설팅으로 이동하며 100년이 넘는 기업 역사를 써내려가고 있다.

기업이 다각화를 통해 추가 현금 창출을 넘어서 기업이 더 오래 생존할 수 있는 시간을 확보한다. 시간을 벌어야 혁신할 수 있고, 혁신을 반복해야 영속할 수 있다. 다각화는 '생명 연장 장치'다. 단기적인 매출 증대가 아니라 기업의 시간을 늘리는 구조 설계다.

핵심 역량을 기반으로 한 전략적 확장은 기업을 한 세대의 조직에서 세기를 넘는 존재로 바꾼다. 부를 지속하는 기업은 '돈을 버는 구조'보다 '시간을 버는 구조'를 만든 기업이다. 시간을 지배할 수 있으면, 시장을 지배할 수 있다.

5

전시와 평시에는
경영 기법이 달라야 한다

경영자들을 만나면 이런 질문을 자주 받는다.

"요즘 OKR이 뜬다던데, 우리 회사도 할 수 있을까요?"

"애자일 경영이 좋다던데, 어떻게 적용해야 할까요?"

경영학에는 수많은 기법이 있다. 그 기법들은 시대의 유행을 따라 끊임없이 바뀐다. 한때는 목표 관리제MBO가 기업 운영의 표준이었고, 요즘은 목표와 핵심 결과OKR가 혁신의 상징처럼 쓰인다.

그러나 진짜 중요한 것은 '무엇'이 아니라, '언제 어떤 상황인가'이다. 모든 경영 기법에는 적절한 시기가 있다. 기업의 상태에 따라 처방이 다르다. 뜨거운 파스를 붙여야 할 때 냉찜질을 하면 오히려 통증이 심해지듯, 상황이나 시기에 맞지 않게 경영 기법을 적용하면 조직은 혼란에 빠진다.

경영의 본질은 전시와 평시를 구별하는 감각이다. 이 감각이야말로 리더십의 핵심이며, 조직의 생존과 성장을 가르는 경계선이 된다.

전시 리더십: 명확성

전시는 위기의 시기다. 매출이 급감하고, 주요 거래처가 거래를 중단하며 현금이 마르는 때다. 이 시기에는 민주적 토론이나 합의보다 신속한 판단과 일사불란한 집행이 생존을 결정한다. 조직이 한 몸처럼 움직이려면 단일한 명령 아래, 의사 결정은 빠르게, 실행은 정확하게 이루어져야 한다.

군대의 지휘 시스템은 전시 리더십의 좋은 모델이다. 군 조직에서는 '전화 통지문 전달 훈련'을 자주 시행한다. 상급 부대의 명령을 하급 부대로 전달하고, 다시 상급 부대로 보고할 때 내용이 일치하는지 확인한다. 조금이라도 다르면 처음부터 다시 한다. 전쟁 상황에서는 소통 오류가 치명적이기 때문이다.

복명복창復命復唱을 강조하는 것도 같은 이유다. 복명복창은 부하를 괴롭히기 위한 절차가 아니다. 폭탄이 터지고 총성이 울리는 전투 현장에서 명령이 제대로 들릴 리 없다. 그래서 명령을 받은 병사는 상관의 말을 큰 소리로 되받아 외친다. "이해했습니다"가 아니라 "□□ 임무 수행하겠습니다!"라고 명확히 반복함으로써, 명령이 정확히 전달되었는지 확인한다. 이 복명복창 문화는 단순한 의식이 아니라 혼란 속에서 질서를 유지하는 기술이다.

기업의 위기 상황도 다르지 않다. 매출이 하락하고, 자금줄이 끊기고, 시간이 부족할 때 조직 내부의 커뮤니케이션이 흐트러지면 회사는 순식간에 무너진다. 이 시기에는 토론보다 명확한 지시, 합의보다 신속한 집행이 우선이다. 전시에는 속도 싸움, 명확성 싸움이다.

리더는 좋은 사람이 아니라 단호한 사람이어야 한다. 결정은 냉정해야 하고, 책임은 자신이 져야 한다. 지휘 체계는 단순해야 하며, 명령 체계는 흔들려서는 안 된다. 전시 리더십 본질은 명확성이다.

평시 리더십: 자율과 참여

평시는 전시와 다르다. 전시가 생존의 시간이라면, 평시는 성장의 시간이다. 위기를 벗어나 어느 정도 안정기에 들어선 조직에는 명령이 아니라 자율과 참여가 필요하다.

평시의 조직은 지시로 움직이는 기계가 아니라, 스스로 사고하고 실행하는 생명체처럼 작동해야 한다. 이 시기에는 통제가 아니라 정렬이 중요하다.

리더는 지향하는 방향을 반복적으로 제시해야 한다. 방향이 분명하면 구성원은 스스로 길을 찾는다. 평시의 리더십은 신뢰를 바탕으로 한다. 리더는 통제자가 아니라 조율자이며 조화를 만드는 사람이다. 조직의 다양한 의견과 시도를 연결하고, 전체가 하나로 움직이게 만드는 존재가 평시의 리더다. 이 시기는 리더는 답을 주는 사람에서 질문을 던지는 사람으로 바뀌어야 한다.

"이 문제를 해결하려면 어떤 시도를 해야 할까?"

"당신이 CEO라면 어떤 결정을 내리겠는가?"

이런 질문은 직원의 사고를 자극하고 조직 전체의 두뇌를 깨운다.

평시의 조직은 실패를 허용해야 한다. 전시의 실수는 생존을 위협하지만, 평시의 실수는 혁신의 원료가 된다.

작은 실패를 용인하지 않는 조직은 큰 혁신도 만들어내지 못한다. 구글과 넷플릭스가 강한 이유는 성공보다 실패에서 더 많이 배우는 구조를 갖췄기 때문이다.

리더는 실패에서 배운 점을 조직의 자산으로 전환해야 한다. '왜 실패했는가'보다 '무엇을 배웠는가'에 초점을 맞추는 조직은 점점 더 단단해지고 유연해진다.

평시의 리더는 조직의 해석자다. 외부 시장 변화, 고객 피드백, 경쟁사의 전략을 조직의 언어로 해석해 구성원에게 전달해야 한다. 그래야 자율 속에서도 모두가 지향점을 이해하고, 스스로 움직이더라도 한 목표로 수렴할 수 있다.

평시의 조직은 스스로 사고하는 뇌를 지향해야 한다. 리더가 자리를 비워도 움직일 수 있는 힘을 갖추는 것이다. 각 구성원이 회사의 전략을 이해하고, 우선순위를 판단할 수 있어야 한다. 이 시기의 경쟁력은 리더의 지시가 아니라 조직 전체의 사고력과 학습 속도에서 나온다.

평시의 자율은 위기를 대비하는 근육이다. 평시에 자율적 태도를 훈련한 조직만이 전시에 빠르게 대응한다. 평시의 자유는 방임이 아니라 전시의 회복력을 만드는 기반이다. 리더는 이자율의 균형을 지켜야 한다. 과도한 통제는 창의력을 막고, 과도한 자유는 방향을 잃게 한다. 그사이의 균형을 설계하는 능력이 진짜 리더십이다.

전시와 평시의 승리 리더십

경영자는 지금이 전시인지 평시인지 구분할 줄 아는 능력을 반드시 갖춰야 한다. 안타깝게도 경영자 대부분이 이러한 능력을 갖추지 못했다. 위기 상황에서도 여전히 회의만 반복하거나, 성장기에도 불필요한 명령으로 자율을 억누른다.

전시에는 빠른 판단이 필요하고 평시에는 다수의 참여가 필요하다. 이 차이를 구별하지 못하면 조직은 리듬과 방향을 잃는다.

리더는 매 순간 자신에게 물어야 한다.

"지금 우리 회사는 전시인가, 평시인가?"

이 한 문장의 질문이 조직의 행동을 바꾸고, 기업의 운명을 바꾼다. 판단을 마쳤다면 이를 구성원에게 명확히 전달할 수 있어야 한다.

"지금은 전시다."

"지금은 평시다."

이 판단이 조직의 속도와 에너지를 바꾼다.

전시에서 승리하는 리더십은 위기 때 갑자기 생기지 않는다. 평시에 쌓아온 신뢰와 연습이 전시의 결정적 자산이 된다. 기업도 마찬가지다. 평시에 커뮤니케이션 구조를 명확히 다지고, 책임과 권한을 분명히 해두어야 전시에도 흔들리지 않는다.

훈련된 평시가 위기 순간을 이긴다. 이 감각을 키우는 리더만이 조직의 생존 주기를 늘리고 부의 흐름을 끊기지 않게 할 수 있다. 단, 매우 중요한 사항이 있다. 알고 보면 전시 상황인데 사업가가 평시로 착각하는 경우도 있다는 것이다.

대표적인 예가 투자를 받거나 상장에 성공한 직후이다. 이 시기를 평시로 착각하면, 그때부터 진짜 위기가 시작된다.

6

성공 직후에
실패가 찾아온다

경영의 세계에서 성공은 종종 다음 실패의 전조가 된다.

기업은 성공의 순간에 가장 약해진다. 성공 앞에서 사람은 자만하고, 조직은 느슨해지며 시장의 변화를 보지 못하게 된다. 리더는 '우리가 한때 잘했으니 지금도 맞을 것이다'라고 생각한다. 초기에는 고객의 반응에 집중하고 시장의 소리에 귀를 기울이지만, 성공 이후에는 조직 내부를 설득하느라 바빠진다. '시장의 요구'보다 '내부의 논리'를 우선하기 시작하는 순간, 기업은 쇠퇴로 향하는 첫걸음을 내디딘 것과 같다.

세상은 속도가 아니라 방향으로 보상한다. 방향이 바뀌었는데도 과거의 방식을 고집하면 성공은 독이 된다. 자신의 공식이 더 이상 통하지 않는다는 사실을 먼저 인식하는 리더만이 부를 지속시킬 수 있다.

착각의 강화 장치, 성공

기업의 성공은 경영자의 통찰을 입증하는 증거처럼 보이지만 실제로는 운, 타이밍, 환경적 요인이 겹친 결과일 때가 많다. 문제는 성공이 착각을 강화하는 장치로 작용한다는 점이다.

한 스타트업 대표는 이렇게 회상했다.

"처음엔 고객을 하루에도 열 번씩 만나며 피드백을 들었지만, 투자받고 나서는 회의실 안에서 전략을 논하는 시간이 더 많아졌습니다."

성공한 후 그는 시장보다 문서를 믿기 시작했고, 고객 이탈을 눈치채지 못했다. 성공이 자만으로 변하는 순간, 경영자는 데이터를 보지 않고 감대로 한다. 현장이 아니라 보고서를 보는 것이다. 이 작은 전환이 기업을 무너뜨린다.

투자 유치 후 찾아오는 실패의 공식

많은 창업자가 투자만 받으면 모든 문제가 해결될 것이라 믿는다. 그러나 현실은 정반대다. 투자받은 후부터 실패의 카운트다운이 시작되는 경우가 많다.

투자는 기업을 성장시키는 힘이면서 구조적 긴장을 무너뜨리는 독이다. 자금이 들어오면 경영자는 고객이 아닌 법인 통장에 쌓여 있는 통장의 잔고와 투자자 보고서를 바라보게 된다. 모든 판단이 자금 소진률, 지표 관리, 다음 라운드 준비로 이동

한다. 사업의 중심축이 시장에서 자본으로 옮겨 가는 순간 기업은 고객의 신호를 잃는다.

더 큰 문제는 고정비 확장이다. '이제 돈이 있으니 전문가를 더 뽑자' '광고를 확대하자' '사무실을 옮기자' 같은 결정들은 기업이 성장하는 동안은 문제가 없어 보이지만, 자금이 끊기면 고정비로 남아 족쇄가 된다.

고객보다 투자자를 향한 경영, 수익 없는 확장이 결국 기업을 무너뜨린다. 진짜 성공은 투자 받은 후에도 이익 구조를 유지하는 능력을 갖출 때 완성된다. 돈이 많을 때 이익 구조를 잃지 않는 것이 가장 어려운 경영 기술이다.

상장 이후 실패의 함정

상장IPO은 많은 창업자의 꿈이다. 하지만 상장 1년 차 기업은 대부분 주가 하락과 실적 하락을 맞닥뜨리게 된다. 시장의 박수갈채를 받는 것이 아니라, 공시와 규율의 시험대에 진입하는 것이다. 외부의 시선을 의식하게 된 기업은 분기 실적, 주가, 언론 평가에 지나치게 예민해진다.

기업의 목표가 '고객 만족'에서 '주가 유지'로 변하는 순간, 경영의 중심축은 다시 한번 시장에서 벗어난다. 쿠팡, 우버, 로빈후드처럼 화려하게 상장한 기업도 상장 직후부터 주가 급락과 구조 조정의 소용돌이에 빠졌다.

그 이유는 명확하다. 상장은 끝이 아니라, 구조적 갱신의 출발점이다. 상장 이후에도 고객의 문제를 해결하고 내부 효율을 지속적으로 개선할 체력이 없다면 주식시장이라는 거대한 파도는 금세 기업을 삼킨다.

위기의 형태는 달라도 위기의 패턴은 같다

성공 이후, 투자 이후, 상장 이후 기업이 겪는 위기의 형태는 달라도 근본 원인은 같다. 감각이 둔화되고 긴장이 사라지며 내부가 복잡해지는 것이다. 기업은 대부분 같은 경로를 밟는다.

초기에는 자금이 부족해서 힘들다.

성장기에는 사람이 부족해서 힘들다.

안정기에는 사람이 너무 많아서 힘들다.

이익이 나지 않는 구조에서 인건비가 폭증하면 경영자는 통제력을 잃는다. 점점 회의가 길어지고 실행이 느려진다. 직원들은 "그건 내 일이 아니다"라고 말하기 시작한다. 매출은 늘지만 통장 잔액은 줄어든다.

이 시기에 경영자가 해야 할 일은 단 하나다. 초심으로 돌아가는 것.

화려한 계획보다 현금 흐름표를, 조직의 규모보다 주문 강도를 보아야 한다. 기업의 생존은 속도나 자본이 아니라 감각으로 결정된다.

성공은 과거의 공식이 통했음을 증명하지만, 그 공식이 미래에도 유효하리라는 보장은 없다. 따라서 현명한 리더는 성공한 후에 오히려 더 긴장한다. 자신의 판단을 의심하고, 구조를 점검하며, 이익의 근원을 다시 들여다본다.

성공을 '이제 쉬어도 된다'라는 신호로 해석하지 않고, '이제부터 제대로 설계해야 한다'라는 경고로 받아들인다. 이 태도가 있는 리더만이 기업을 오래 지속시킬 수 있다.

위기의 패턴을 읽을 줄 아는 리더, 그 사람이 부를 지속시키는 사람이다.

성공의 본질, 갱신 능력

성공, 투자, 상장. 이 세 단어는 모두 빛나 보이지만 그 안에는 구조적 피로와 감각의 마비가 숨어 있다.

기업이 오래가려면 성공할 때마다 자신을 의심하고, 투자받을 때마다 통제 구조를 강화하며, 상장할 때마다 복잡성을 줄여야 한다. 성공은 끝이 아니라 지속 가능한 시스템으로 전환하는 것이다. 이를 깨닫는 순간 기업은 비로소 한 사람의 능력이 아닌 구조의 힘으로 부를 축적하게 된다.

부의 감각

7

은행 빚보다
인건비 채무가 무섭다

좋은 의도가 반드시 좋은 결과를 가져올까? 아니다. 경영에서 자주 일어나는 치명적인 실수 중 하나는 인건비 통제다.

경영자 대부분은 직원들에게 좋은 사장이 되고 싶어 한다. 하지만 좋은 마음만으로 회사를 지킬 수는 없다. 이익률을 지켜내야 인사 관리도 가능하며, 그것이 진정으로 직원들을 지키는 좋은 경영이다.

직원들이 스스로 "회사의 이익률을 높이자"라고 말하는 경우는 거의 없다. "인건비를 줄이자"라는 제안을 먼저 하는 직원도 없다. AI로 생산성이 높아져도 마찬가지다. AI 덕분에 효율이 높아졌으니 인건비를 줄이자고 말하는 직원은 없다. 그것은 오직 경영자가 감당해야 하는 책무이자 숙명이다.

회사의 이익을 지켜내는 통제권을 쥔 사람은 단 한 명, 사장뿐이다. 인건비를 통제하지 못하면 '심각한 채무자'가 된다.

'심각한 채무자'라는 표현을 쓰는 이유는 명확하다. 은행 빚은 매달 이자를 갚으면 일단 숨을 고를 수 있다. 하지만 인건비 채무는 전혀 다르다. 인건비는 매달 원금을 갚아야 하기 때문이다. 게다가 그 원금은 갚아도 줄지 않는다.

더 무서운 것은 인건비 채무를 늘리는 절차가 너무나 간단하다는 점이다. 은행 빚은 대표이사가 서류를 작성하고 자필 서명을 해야 하지만, 인건비 채무는 서명할 필요도 없이 CEO가 긴장을 풀면 바로 늘어난다. 단 한 줄의 결재, 단 한 번의 승인, 단 한 명의 추가 채용으로도 바로 불어난다.

대표가 '이 사람 정도는 필요하지 않겠어?'라고 생각하는 순간, 채무는 조용히 자라난다.

'이번 달은 매출이 괜찮았으니 한 명 더 뽑자.'

'바빠 보이니 도와줄 사람을 붙이자.'

이렇게 '좋은 의도'로 시작된 결정이, 6개월 후엔 매달 수천만 원의 고정 채무가 되어 돌아온다.

한번 늘어난 인건비는 거의 되돌릴 수 없다. 줄이려는 순간 조직이 흔들리고, 분위기가 싸늘해지고, 충성심이 무너진다. 그래서 경영자 대부분은 인건비를 줄이지 못한다. 처음부터 통제하지 못한 것이 모든 문제의 시작이 된다.

경영의 본질은 '좋은 사람을 뽑는 것'이 아니라 '적정 인건비 구조를 유지하는 것'이다. 아무리 좋은 사람을 뽑아도 구조가 무너지면 그 사람을 지켜줄 힘이 사라진다. 회사의 지속 가능성은 인재의 질이 아니라 인건비 구조의 균형에서 나온다.

부의 감각

AI와 자동화의 시대라고 해서 이 법칙이 바뀌지는 않는다. AI가 아무리 생산성을 높여도 인건비는 저절로 줄지 않는다. 오히려 'AI를 사용해 더 많은 일을 해보자'라는 욕심이 생겨, 추가 인력과 예산을 요청하는 경우가 많다. AI가 비용을 줄이기는커녕 새로운 고정비를 만드는 것이다.

이 시점에서 경영자는 반드시 '인건비 통제의 기술'을 갖춰야 한다. 이 기술의 핵심은 2가지다.

하나는 '고정비의 경계선'을 숫자로 관리하는 것,

또 하나는 '사람이 아니라 구조를 바꾸는 것'이다.

고정비의 경계선을 설정하지 않은 회사는 매출이 조금만 흔들려도 바로 적자로 돌아선다. 이익률이 5%만 떨어져도 현금 유출이 폭발하듯 늘어난다. 기업이 무너지는 것은 대부분 외부 경쟁 때문이 아니다. 자신이 만든 고정비 구조가 감당할 수 없는 수준으로 커져서다.

그래서 경영자는 시장을 보기 전에 회사의 비용 구조를 직시해야 한다. 이익률을 파괴하는 핵심 요인은 인건비다. 훌륭한 경영자는 냉정하게 자신에게 다음과 같은 질문을 던진다.

"누가 나에게 인건비 채무를 늘리라고 유혹하고 있는가?"

8

이익률의 차이가
사업가의 행복을 좌우한다

사업가의 행복은 무엇으로 결정될까? 보람일까, 비전일까, 성취감일까?

깊이 생각해보면 이익률의 차이가 사업가의 행복을 좌우한다는 사실을 깨닫게 된다. 이익률에 따라 경영자의 여유, 조직 문화, 노사 관계 등 모든 것이 달라진다. 이해를 돕기 위해 당기순이익률이 10%인 기업과 30%인 기업의 차이를 구체적으로 비교해보자.

재무 구조의 차이:
버텨야 하는 기업 vs. 선택할 수 있는 기업

당기순이익률이 10%인 기업은 매출이 100억 원이라도 이익이 10억 원이다. 원가와 비용이 전체의 90%를 차지하므로, 매출이 조금만 줄거나 원가가 5%만 상승해도 이익이 거의 사라진다. 이것이 버텨야 하는 경영이다.

반면 당기순이익률이 30%인 기업은 매출 100억 원 중 30억 원이 이익이다. 이익이 3배이므로 가격 인하나 일시적 매출 감소에도 버틸 수 있다. 이것은 '선택할 수 있는 경영'이다.

팔아야만 살아남는 기업과 팔지 않아도 버틸 수 있는 기업은 구조적 여유가 다르다. 무엇보다 3년만 지나도 후자의 통장에는 100억 원이 쌓인다.

경영자의 여유:
불 끄는 사장 vs. 설계하는 사장

이익률 10% 기업의 경영자는 늘 '이번 달을 버틸 수 있을까'를 고민한다. 매출이 흔들리면 급여와 납품 결제가 걱정되고, 하루 대부분을 '오늘의 불 끄기'에 쓴다. 경영자는 자주 피로해 보이고 회의 분위기는 긴박하다.

이익률 30% 기업의 경영자는 시간을 완전히 다르게 사용한다. 구조적 안정감 속에서 '내일의 성장'을 설계할 수 있다. 시장을 관찰하고, 고객 경험 개선이나 신사업 검토에 집중한다. 그러므로 '시간 배분'이 완전히 달라진다.

직원 분위기:
지시를 기다리는 팀 vs. 먼저 제안하는 팀

이익률 10% 기업의 직원들은 경직되어 있다. 경영진은 숫자에 예민하고 비용 절감 압박이 크다. '또 인건비 줄이라는 말이 나오지 않을까?' 하는 불안이 직원들에게 내재되어 있다. 자연히 보고가 늘고 절차를 창의보다 우선한다.

이익률 30% 기업의 직원들은 여유가 있다. 급여와 보너스가 안정적이고 실패에 대한 관용이 존재한다. '이번 프로젝트가 잘되면 우리도 보너스를 받겠다'라는 기대감이 조직을 긍정적으로 만들어 내부 커뮤니케이션이 활발하고 분위기가 밝다.

주문 강도: 밀어내기 vs. 끌어오기

이익률 10% 기업은 매출을 만들기 위해 '밀어내기 영업'을 한다. 마진이 낮기 때문에 1건이라도 더 팔아야 한다. 그 때문에 "이번 달 목표치보다 10% 부족하다"라는 식의 말을 매주 반복한다. 영업팀은 고객보다 상사의 눈치를 본다.

이익률 30% 기업은 '끌어오는 영업'을 한다. 고객이 먼저 찾아오고, 브랜딩에 성공하고 품질이 신뢰를 얻는다. 주문이 몰려도 선별적 수주가 가능하다. 생산 일정을 조정하며 효율을 관리한다. 이 기업은 매출의 질이 확실히 다르다.

관리 용이성: 감시 중심 vs. 시스템 중심

이익률 10% 기업은 수익성이 낮아 관리 강도가 높다. 사장은 '왜 초과근무를 했는가?' '왜 광고비가 늘었는가?'를 직접 묻는다. 이 기업에서는 '감시형 관리'가 필수적이다. 하지만 이런 방식은 조직의 피로도를 높이고 성장을 가로막는다.

이익률 30% 기업은 시스템이 관리를 대신한다. 여유 자금으로 ERP나 CRM 등 데이터 기반 관리 시스템에 투자한다. 직원의 자율성이 높아지고 효율은 유지되면서 '신뢰 기반 관리'가 작동한다.

조직문화: 불안의 문화 vs. 자부심의 문화

이익률 10% 기업의 문화는 '불안'에서 시작된다. '이번 달을 버틸 수 있을까?' '내 자리는 안전할까?'가 공통된 정서다. 사내 정치가 생기고, 문제를 숨기는 문화가 자리 잡는다. 그러다 보니 혁신보다 생존이 우선된다.

이익률 30% 기업의 문화는 '자부심'에서 출발한다. 높은 이익률은 제품, 브랜드, 운영 모두에서 경쟁력을 갖추고 있음을 의미한다. 직원은 회사를 자랑하고, 회사는 직원의 성장을 지원한다. '선순환의 문화'가 형성된다.

이익률은 단순한 숫자가 아니라 조직의 공기를 바꾸는 힘이다. 무엇보다 사업가의 인생을 바꾸는 지표다. 이익률 10% 기업은 늘 '버텨야' 하고, 이익률 30% 기업은 '선택할 수' 있다. 이익률이 높을수록 경영자는 시간을 얻고, 직원은 자부심을 얻으며, 조직은 미래를 설계할 수 있는 정신적 여유를 확보한다.

이익률의 차이는 삶의 질 차이로 이어지는 만큼 경영자는 이익률 개선을 악착같이 챙겨야 한다. 그렇다면 무엇이 이익률을 결정할까?

핵심은 '주문의 강도'와 '관리의 용이성'이다.

부의 감각

9

주문이 강하고 관리가 쉬우면

이익률이 높아진다

이익률이 높은 기업의 특징은 무엇일까? 이 기업들의 구조를 명확히 알면 감을 잡을 수 있다. 백지에서 혼자 그림을 그리려 애쓰기보다, 정답의 패턴을 아는 것이 훨씬 효율적이다. 정답이 존재한다는 사실만 알아도 심리적 안정감을 얻을 수 있다. 나는 기업의 이익률을 주문의 강도와 관리의 용이성으로 정리한다.

시장의 '사랑의 세기', 주문 강도

주문 강도는 고객의 주문이 밀려드는 정도를 말한다. B2C 기업에서는 고객의 신규 주문 건수가 그 지표다. 배달을 겸하는 몇몇 식당에서 쿠팡이츠나 배달의민족 주문이 들어올 때마다 알람이 울리도록 설정해둔 곳이 있다. 식당 주인에게 그 알람은 세상

어떤 음악보다 아름다울 것이다. B2B 기업의 경우 전국 각지에서 견적서와 발주서가 몰려드는 것이 이에 해당한다.

나는 2000년대 초반에 출판업을 하며 전국 60여 개 도매 총판과 거래했다. 그 시절에는 팩스로 주문을 받았는데 주문이 몰린 날 아침이면 팩스 종이가 바닥까지 흘러내려 있었다. 그때 느낀 짜릿함은 지금도 잊을 수 없다.

한번 강한 주문의 맛을 본 사업가는 사업의 감을 금세 잡는다. 주문 강도를 높이기 위해 온갖 묘안을 짜내려 한다. 이 주문 강도는 3가지 요소로 나눠 이해할 수 있다.

① 주문 빈도: 얼마나 자주 반복되는가

고객이 한 번만 구매하는 제품과 매달 반복 구매하는 제품에서 발생하는 이익 구조는 전혀 다르다. 주문 빈도는 기업의 기초 체력을 보여준다.

넷플릭스나 쿠팡 로켓와우 같은 구독형 서비스는 한 번의 마케팅 비용으로 장기 매출이 유지된다. 반면 일회성 판매 모델은 매번 새로운 고객을 유치해야 하므로 매출이 늘어날수록 마케팅비도 함께 증가한다. 주문이 자주 반복될수록, 고정비 대비 수익률은 기하급수적으로 개선된다.

② 주문의 양: 한 번 주문할 때 얼마나 많이 사는가

주문의 양은 단위 거래당 매출과 직결된다. 한번에 결제하는 금액, 즉 객단가가 높을수록 기업은 같은 비용으로 더 큰 매출을 낸다. 객단가를 높이는 기업은 '같은 고객에게 더 많이 파는 법'을 아는 기업이다. 객단가가 높은 기업은 이익률도 높다.

③ 주문 대기: 고객이 얼마나 기다려주는가

유명 식당은 몇 달 치 예약이 차 있고, 명의가 집도하는 병원은 진료 예약이 밀려 있다. 고객이 기다려줄 수 있는 시간이 길수록 브랜드의 힘이 강하다는 의미다. 브랜드 충성도가 높을수록 가격 방어력이 높아지고, 이익률 역시 상승한다. 반대로 힘이 약한 브랜드는 조금만 늦어도 주문이 취소된다.

이 3가지가 모두 높을 때 기업은 '고강도 주문 구조'를 확보했다고 본다. 이 구조에서는 광고나 이벤트가 없어도 매출이 자생적으로 발생하고, 마진이 방어되며, 고객은 자연스럽게 반복 구매로 이어진다.

내부 효율을 결정하는 관리의 용이성

관리의 용이성은 주문을 처리하고 유지하는 과정을 얼마나 적은 스트레스와 비용으로 운영할 수 있는지를 뜻한다. 주문이 아무리 많아도 관리가 복잡하고 인력 의존도가 높으면 이익률은 급격히 낮아진다. 심지어 손해를 보는 경우도 있다.

개발자 수백 명이 근무하는 중대형 IT 기업 중에는 겉보기에는 화려하지만 프로젝트 납기, 인력 조정 문제로 내부가 혼란스러운 경우가 많다. 수백 명의 개발자를 동시에 관리하는 일은 초고차원 방정식을 푸는 것과 같다.

사업가는 자신이 운영하는 사업의 구조를 냉정히 들여다봐야 한다. 매출이 많아도 관리 효율이 낮다면, 반드시 구조를 재설계해야 한다.

• 고강도 주문＋고효율 관리 ＝ 이상적인 이익 구조

기업의 이상적인 구조는 '주문 강도는 높고, 관리는 쉬운 상태'다. 이 조합이 완성되면 매출이 늘수록 이익이 비례해 커진다. 운영비가 일정하므로 매출이 증가할수록 순이익률이 상승한다.

서울 광화문의 유명한 북엇국 집은 종일 손님이 줄을 서서 기다릴 만큼 주문 강도가 높지만 메뉴는 단 하나, 북엇국뿐이라 관리가 편하다. 사업 구조가 단순하고 명확하기 때문에 경영자는 본질에 집중해 전문성을 높일 수 있다. 그 본질이 강화되면, 어느새 철학의 경지에 이르게 된다.

경영자는 자신에게 다음 2가지 질문을 끊임없이 던져야 한다.
"내 사업의 주문은 강한가, 약한가?"
"내 사업은 관리하기 쉬운가, 복잡한가?"
이 두 질문에 대한 답을 깊이 고민하면 이익률이 높아지는 방향을 자연스럽게 찾을 수 있고, 중요한 순간에 결단을 내리기가 훨씬 쉬워진다.

10

이익률 증가에는

징조가 있다

나는 기업을 방문할 때면 가끔 이렇게 말한다.

"그동안 고생 많으셨습니다. 이제 곧 좋아질 겁니다. 이익이 늘어나겠네요."

그러면 CEO들은 대부분 이렇게 반응한다.

"정말인가요? 말씀만 들어도 감사합니다."

혹은 "진짜입니까? 기분 좋으라고 하시는 말은 아닌지요?" 라고 대답하기도 한다.

일부는 신중하게 묻는다.

"왜 그렇게 판단하셨는지 여쭤봐도 될까요?"

이익률 증가는 모든 경영자의 바람이다. 그러나 중요한 것은 그 징조를 읽을 수 있느냐다. 그 신호를 읽어낸다면 기업은 훨씬 더 효율적으로 대비할 수 있다. 나아가 그 징조의 패턴을 이해하고 인위적으로 만들어낼 수 있다면, 기업은 스스로 성장 궤적을 설계할 수 있다.

이익률 상승의 6가지 징조

① 매출 반복과 고객 유지율 상승

고객 유지율은 일정 기간이 지나도 거래를 이어가는 고객의 비율이다. 거래를 중단하는 비율은 고객 이탈률이다.

넷플릭스는 초기에 신규 가입자 유치보다 기존 구독자 유지에 집중했다. 개인화 추천 알고리즘을 개선해 '계속 볼 이유'를 강화하면서 고객 유지율을 높였다. 덕분에 신규 가입자 증가율이 둔화된 시기에도 안정적인 현금 흐름을 유지할 수 있었다.

고객 유지율은 충성도의 지표가 아니라 이익률 상승의 확실한 징조다. 반복 구매는 마케팅 비용이 거의 들지 않기 때문에 유지율이 높아질수록 기업의 수익 구조는 비약적으로 개선된다.

② 생산 효율 개선

'직행 수율'과 '설비 종합 효율'에 주목하라.

- 직행 수율: 재작업·수리 없이 한 번에 합격하는 제품 비율
- 설비 종합 효율: 가동률×생산 속도×품질 비율

삼성전자는 반도체 공정에서 직행 수율을 0.1%만 높여도 연간 수천억 원의 원가 절감이 가능하다는 사실을 알고, 공정 안정화에 집중했다.

한 중견 전자 부품 회사는 설비 교체 대신 공정 내 검사 단계를 도입해 직행 수율을 3%p 개선했고, 그 결과 연간 수십억 원의 원가를 절감했다.

이처럼 소소한 효율성 개선이 전체 원가 구조를 뒤집을 수 있다. 이익률이 오르기 전에는 생산성 지표가 먼저 움직인다.

③ 고객생애가치와 마케팅 비용의 관계

고객 1명이 지출하는 금액이 늘어나는데 신규 고객을 확보하기 위한 비용이 줄어들고 있다면, 기업은 이익률 상승의 궤도에 들어선 것이다.

애플은 아이폰 고객을 아이패드·맥북·에어팟·앱스토어로 확장하는 전략으로 LTV를 높였다. 한번 확보한 고객이 평균 5년 이상 여러 기기를 구매하면서, CAC 대비 LTV가 업계 최고 수준에 올랐다.

국내 한 뷰티 브랜드는 인플루언서 마케팅으로 고객을 유치한 뒤, 구독형 샘플 키트를 도입해 2년 만에 LTV가 2배로 증가했다.

LTV가 상승하고 CAC가 안정되면, 매출이 늘어날수록 이익은 기하급수적으로 커진다.

④ 연구개발의 상업화

연구개발 팀이 순수 연구만 하는지, 상업화를 염두에 두고 연구를 하는지를 보면 기업의 미래가 보인다. 이 차이는 곧 이익률 구조를 결정짓는 태도의 차이다.

테슬라는 배터리 기술 개발에 막대한 비용을 투자했다. 초기에는 손실로 보였지만, 에너지 밀도를 높이며 생산 단가를 낮췄고, 결과적으로 전기차 1대당 이익률이 크게 개선되었다.

한 의료 기기 스타트업은 정부 연구 과제를 통해 위험을 분산하면서 연구개발을 진행했고, 개발한 제품이 수출에 성공하면서 매출총이익률이 급상승했다.

연구가 비용에서 수익으로 전환되는 순간, 기업의 이익률은 한 단계 위로 도약한다.

⑤ 추가 매출 증가

기존 고객에게 업셀링(고가 상품 제안)과 교차 판매가 늘어나는 시점이다.

세일즈포스는 CRM 솔루션을 기본 패키지로 제공한 후, 마케팅·자동화·분석 모듈을 추가로 판매했다. 신규 고객이 없어도 매출은 계속 성장했다.

국내의 한 SaaS 기업도 좌석당 과금제를 도입해 고객이 팀 단위에서 조직 단위로 확장되면서 흑자 전환에 성공했다.

반복 매출이 증가하는 시점은 이익이 폭발하기 직전 단계다.

부의 감각

⑥ 고마진 상품 비중 증가

소매·유통업에서는 자체 브랜드PB 상품의 비중이 늘어날 때, 제조업에서는 프리미엄 제품의 비중이 커질 때, 브랜드 기업에서는 직접 판매D2C가 증가할 때 이익률 상승의 신호가 보인다.

이마트는 PB 상품 비중을 늘리며 마진 구조를 개선했다. 쿠팡은 추천 상품 기능으로 유사한 효과를 냈다. PB 상품은 브랜드 수수료가 없어 일반 제품보다 2~3배 높은 이익률을 낸다.

한 글로벌 화장품 회사는 온라인 직판몰을 강화하고 프리미엄 라인을 확대해 영업이익률을 꾸준히 끌어올렸다.

이익률이 높아지기 전에는 반드시 징조가 있다. 하지만 기업의 규모가 크고 이름이 알려져 있어도 이와 반대되는 징조가 보일 때 필자는 언제나 CEO에게 이렇게 말한다.

"조심하십시오. 이익률 하락의 전조입니다."

안타깝게도 많은 CEO가 이 말을 웃으며 넘긴다. 그리고 얼마 지나지 않아 기업의 이익 구조는 그 경고를 증명하듯 무너진다.

11

구조를 모르면

운명을 탓하게 된다

서해의 해수욕장은 사고가 날 확률이 낮다. 바닥이 얕아 바닷속으로 한참 걸어 들어가도 발이 닿기 때문이다. 반대로 동해는 사고 위험이 크다. 조금만 걸어가도 급격히 수심이 깊어지기 때문이다. 특히 이안류와 너울성 파도가 일어나면 수영에 능숙한 사람도 쉽게 사고를 당할 수 있다. 이렇게 지형의 구조가 운명을 결정한다.

매일의 뉴스는 하루 단위의 짧은 시점에 초점을 맞춘다. 그러다 보니 사람들은 매일의 변동에 과민하게 반응하면서도, 더 근본적인 구조를 잊곤 한다. 대세 상승bull장에서는 웬만하면 수익을 내지만, 대세 하락bear장에서는 대부분 손실을 피하기 어렵다.

사업가도 마찬가지다. 가게를 열어 장사가 잘되어 자랑하던 사업가를 2~3년 후 만나면 힘들어한다. 건물주와의 갈등 때문이다. 자신에게 운이 없다고 하지만, 사실 그것은 예견된 일이었다.

소프트웨어 개발사를 창업해 잘나가던 사업가를 2~3년 후 만나면 힘들다고 하소연한다. 고객사로부터 잔금을 제때 지급받지 못해 미수금이 쌓여 있는 상황에 시달린다. 운이 없다고 하지만, 사실 그것도 예견된 구조였다.

홍보 대행사를 창업해 성장하던 사업가를 2~3년 후 만나면 힘들어한다. 핵심 직원이 고객사를 들고 나갔다. 마찬가지로 예견된 구조였다.

온라인 교육 회사를 창업해 잘되어 간다며 자랑하던 사업가를 5년 후 만나면 힘들어한다. 유행이 지나가서다. 그 또한 예견된 구조였다.

더 억울한 일이 있다. 그들은 이미 위험에 대한 경고를 받았다는 것이다. 그들의 사업이 순항한다고 생각했을 때, 나뿐 아니라 투자자들로부터 비슷한 질문을 받았다.

- "건물주와 갈등이 생기면 어떻게 하시겠습니까?"(질문)
  "아, 저희는 건물주랑 친해서 괜찮아요."(답)
- "하도급법 분쟁이 생기면 어떻게 하시겠습니까?"(질문)
  "저희는 지금까지 돈을 떼인 적이 없는데요."(답)
- "핵심 직원이 고객사와 함께 회사를 옮기면 어떻게 하시겠습니까?"(질문)
  "제가 오랫동안 키운 후배예요. 괜찮아요."(답)
- "이 사업의 매출이 사회적 유행에 기반한 것 같은데, 유행

이 꺾이면 어떻게 하시겠습니까?"(질문)

"저희는 실력으로 콘텐츠를 만든 겁니다. 기획력이 핵심
역량입니다."(답)

그러나 결과는 달랐다. 구조가 운명을 결정한다.

사업가 대부분은 구조적 질문을 들으면 '관계'나 '과거의 경험'을 근거로 안심하려 한다. 하지만 사업의 운명은 인간관계나 과거의 경험이 아니라, 제도·계약·시장 구조 같은 보이지 않는 '틀'에 달려 있다.

건물주와 친하다고 해서 임대료 인상을 막을 수는 없다. 법적으로 건물주의 권한이 보장되기 때문이다.

지금까지 돈을 떼이지 않았다고 해서 앞으로도 떼이지 않는다는 보장은 없다. 불황기에는 건실한 대기업조차 대금 지급을 늦춘다.

핵심 직원을 신뢰만으로 붙잡아둘 수 없다. 구조적으로 인센티브나 지분이 불리하다면 사람은 결국 더 유리한 조건을 선택하게 된다.

유행에 올라탄 콘텐츠는 실력과 무관하게 유행이 꺾이는 순간 매출이 급감한다. 실력이 구조를 대체하지는 못한다.

사업가는 '지금 잘되고 있다'라는 사실을 확인하기보다 '지금의 구조가 3년 뒤에도 나를 지켜줄 것인가'라는 질문을 던져야 한다. 이것이 바로 구조적 사고의 시작이다.

투자자는 언제나 구조를 먼저 묻는다. 구조는 예측 가능성이 높고 사람의 의지나 감정에 좌우되지 않는다. 반대로 사업가

부의 감각

는 현재의 성과에 도취되어 구조적 약점을 무시한다. 바로 이 지점이 기업의 흥망을 가른다.

따라서 경영자는 3가지를 점검해야 한다.

- 내가 속한 시장의 구조는 장기적으로 나에게 유리한가.
- 계약과 제도의 구조가 나를 보호하는가, 아니면 상대방을 압도적으로 유리하게 만드는가.
- 조직 내부의 구조가 핵심 인재와 역량을 지켜내는가.

구조를 설계하는 것은 단순한 기술이 아니라, 사업가의 운명을 가르는 근본적인 전략이다. 사업의 성공과 실패는 경영자의 '노력'이 아니라, 그 노력이 투입되는 '구조의 틀'로 결정된다.

구조를 읽지 못하는 사업가는 바닷속 이안류처럼 보이지 않는 위험에 휩쓸린다. 반대로 구조를 설계할 줄 아는 사업가는 서해의 얕은 바닷길처럼 안전한 길을 확보한다. 이것이 바로 사업가가 매일의 뉴스나 단기 매출에 흔들리기보다 구조를 먼저 직시해야 하는 이유다.

12

부가 쌓이는 것이

경영의 재미다

똑똑한 규칙은 회사를 단단하게 하는 구조의 핵심이다. 규칙을 똑똑하게 설계하면 불필요한 낭비가 줄어들고, 회전율이 높아지고, 현금이 남는다. 그것이 바로 '부가 쌓이는 시작점'이 된다.

경영도 원리를 이해하면 훨씬 더 재미있게 할 수 있다. 많은 창업자가 경영을 어렵고 버거운 일로 생각하지만, 원리를 이해한 순간부터 경영은 게임처럼 느껴진다. 게임의 목적은 단 하나이다. 부가 쌓이는 구조를 만드는 것.

경영의 재미란, 매출이 아니라 현금이 쌓이는 것을 말한다. 이익이 나더라도 현금이 쌓이지 않으면 불안은 사라지지 않는다. 창업자로 살아남은 사람들을 보면 평범한 경우는 거의 없다. 영업력이 뛰어나거나, 카리스마가 엄청나거나, 사교성이 대단하거나, 기술력이 특출나거나, 정신력이 유난히 강한 사람들이다.

그러나 생존이 안정을 담보하지 않는다. 기업이 규모가 크든 작든, 위태로운 상태에 있는 경우가 많다. 그 위태로움의 근원은 대부분 '열심히 해도 현금이 쌓이지 않는 구조'에 있다.

창업자의 개인 능력이나 책임감으로 몇 번의 위기를 넘길 수 있지만 그것만으로는 경영의 목적을 달성할 수 없다. 창업은 아슬아슬하게 살아남기 위해 하는 일이 아니기 때문이다. 절망적인 상황에서 시작했다 하더라도, 그 결말까지 절망적일 필요는 없다. 오히려 그런 시작일수록 반드시 '부가 쌓이는 구조'를 설계해야 한다.

창업자라면 반드시 명심해야 할 것이 있다. 내 인생의 결말을 설계할 권한은 오직 나에게 있다. 세상이 설계해주지 않는다.

세상은 어느 한 사람의 성공을 특별히 응원해줄 이유가 없다. 한때 유명했던 가수가 잊히고, 한때 권력을 쥐었던 정치인이 사라지는 것이 세상의 이치다. 자연과학으로 말하자면, 열역학 제2법칙, 즉 엔트로피의 증가다. 모든 것은 시간이 지나면 흩어진다. 흩어짐의 법칙을 거스르려면, 끊임없이 설계하고 관리하는 의식적 구조화가 필요하다.

경영도 마찬가지다. 위태로운 경영에서 벗어나 안정적인 중반부와 결말을 맞이하려면 그렇게 될 수 있는 운명을 설계해야 한다. 다른 결과를 원하면서 같은 행동을 반복하는 것은 경영에서 가장 어리석은 일이다.

창업자는 자신의 주특기와 과거의 성공에 자부심을 가질 수 있다. 그러나 그 이상으로 자신의 실수를 복기하고 미래를 능동적으로 설계해야 한다. 이 능동적 설계가 바로 '부가 쌓이는 원리'를 깨닫는 첫걸음이다.

부가 쌓이는 원리를 이해하면 세상이 달라 보인다. 세상은 매일 변하지만, 그 변화에는 언제나 기회의 패턴이 숨어 있다. 그 패턴을 읽는 사람이 새로운 부를 설계한다.

그래서 경영자는 공부해야 한다. 배우는 경영자만 생각이 진화하고, 진화하는 경영자만 부를 쌓을 수 있다. 경영자의 사고가 업데이트되지 않으면 기업의 시스템도, 부의 구조도 멈춘다. 업데이트된 CEO만 새로운 기회를 보고, 그 기회를 부로 전환할 수 있다.

경영은 고통이 아니다. 원리를 이해하고 구조를 설계한 사람에게는 이것이 가장 창조적이고 흥미로운 일이다. 그 결과 현금이 쌓이고, 시간이 지날수록 부가 견고해질 때 비로소 경영의 본질적인 재미가 시작된다.

규칙이 회사를 지탱하고 구조가 부를 쌓는다. 거기 경영자의 통찰이 더해질 때, 부는 단순한 숫자가 아니라 예술이 된다. 경영이란 결국 '부가 쌓이는 과정을 설계하는 예술'이다.

이 책을 읽고 있는 모든 경영자와 창업자가 자신만의 구조를 설계해 부가 쌓이는 재미를 마음껏 누리길 바란다.

그것이 진짜 경영자의 자유이며 부의 감각이 완성되는 순간이다.

가장 먼저
스스로를 의심하라

창업자의 운명은 간단하다. 각기 새로운 방법으로 등장해서 망할 때는 같은 방법으로 망한다. 너무나 안타깝다.

평범한 방법으로 정상에 오른 사람은 없다. 싸이, 박진영, 서태지, BTS 모두 각자만의 새로움으로 새 길을 열었다. 창의적이고 유별나야 프로의 세계에 오를 수 있다.

그러나 내려갈 때는 대부분 비슷한 방법으로 소멸한다. 스팀 청소기, 마약베개, 삐삐 등을 생각해보면 알 수 있다. 독창적인 방법으로 새롭게 망한 사례는 찾아보기 어렵다.

유행이 지났는데 본인만 모르고 신제품으로 극복해보려다가 망하고, 창업자가 나이 들어 예전같이 영업할 수 없는데 본인만 모르고 있다가 망하고, 알고 보면 사실상 회사의 차별점이 없는데 규모를 유지하다가 인건비 부담에 망하고, 새로운 유사 기업이 엉터리라고 무시하다가 그쪽에만 투자가 몰려 망한다.

결국 창업가의 진짜 싸움은 새로운 방법을 얼마나 오래 유지할 수 있느냐의 싸움이다. 처음엔 세상이 그를 미쳤다고 하지만, 어느 순간부터는 그를 천재라고 치켜세운다. 그러나 시간이 지나면 세상이 다시 묻는다.

"당신은 여전히 새로운가?"

여기서 대부분의 창업가가 무너진다. 성공의 기억이 너무 강렬해 과거의 방법을 버리지 못한다. 그 방법이 자신을 정상으로 이끌었기에, 그것을 버리는 순간 자신의 존재까지 부정하는 기분이 들기 때문이다.

변화의 적기는 그렇게 떠나간다.

진짜 혁신가는 '새로운 방법으로 성공했지만, 그 방법이 더 이상 통하지 않을 때 가장 먼저 스스로를 의심하는 사람'이다.

스티브 잡스가 그랬다. 그는 한번 퇴출당하고 나서, 다시 돌아왔을 때 완전히 다른 애플을 만들었다. 그는 자신의 과거를 버리고 다시 배우는 법을 택했다. 애플은 한 회사 안에서 두 번 태어났다.

반면 대부분의 창업가는 과거의 자신을 버리지 못한다. "그때도 다들 안 된다고 했지만, 결국 내가 성공했잖아." 이 말이 나오는 순간, 이미 회사는 과거 속에 살고 있다.

그때의 '다들'은 지금의 '시장'과는 다르다. 세상은 다른 속도로 달리고 있다.

기업의 흥망은 자기 갱신력에 달렸다. 제품보다 중요한 것은 창업자 자신이 얼마나 새로워질 수 있느냐다. 몸이 늙는 것은 어쩔 수 없지만, 사고가 늙는 것은 선택의 문제다.

새로운 방법으로 성공했다면, 그 이유를 방법이 아니라 '태도'에서 찾아야 한다. 그때의 용기, 불안, 실험 정신이 회사를 살렸다. 그것이 사라지면 아무리 좋은 기술과 브랜드도 무너진다.

모든 창업가의 운명은 결국 한 문장으로 귀결된다. 새로운 방법으로 살지 않으면 과거의 방법으로 죽는다. 그리고 이 단순한 진리를 가장 늦게 깨닫는 사람이, 아이러니하게도 가장 똑똑했던 창업가다.

① 전략 선택 단계

- 우리 회사의 전략은 무엇인가?
- 원가 우위/차별화/집중화 중 하나를 명확히 정의했는가?
- '모든 전략을 조금씩'이라는 함정에 빠져 있지 않은가?
- 선택한 전략의 '돈의 흐름' 패턴을 알고 있는가?

  원가 우위 → 낮은 마진 + 대량 판매 + 빠른 현금 회전

  차별화 → 높은 마진 + 반복 매출 + 큰 선행 투자

  집중화 → 고마진 + 제한된 매출 규모 + 불규칙 현금 유입

② 현금 흐름 구조 점검

- 현금 유입과 유출의 '속도'를 점검했는가?
- 받을 돈은 빨리 받고, 줄 돈은 늦게 줄 수 있는 구조가 잘 설계되어 있는가?
- 원가 우위 전략: 현금 회전일(DSO·DPO)을 매달 체크하는가?
- 선행 투자와 회수 시점을 예측했는가?
- 차별화 전략: 브랜드, 연구개발, 마케팅 투자금이 언제 회수될지 계산했는가?
- 투자 회수 기간이 지나치게 길다면 어떤 보완책이 있는가?

③ 위험 관리

- 전략별 리스크 대응 시나리오가 있는가?

    원가 우위 → 가격경쟁 심화, 공급망 문제 대응책

    차별화 → 트렌드 변화, 경쟁자 모방 대응책

    집중화 → 틈새시장 축소, 대체 기술 등장 시 대응책

- 현금 흐름이 급격히 줄어드는 경우 '플랜 B'는 무엇인가?

    긴급 유동성 확보 방안 (예: 신속한 재고 할인, 비용 절감 리스트)

    단기 대출 라인 확보 여부

④ 성장과 재투자

- 현금이 남는다면 어디에 재투자할 것인가?

    차별화 전략 → 연구개발과 브랜딩 강화

    원가 우위 전략 → 자동화, 공급망 효율화

    집중화 전략 → 새로운 틈새 발굴, 고객 경험 강화

- 현금 흐름이 선순환 구조로 돌아가고 있는가?

    전략 → 안정적 현금 발생 → 재투자 → 경쟁력 강화 →

    더 강한 현금 창출